AMANDA ROMANIA

AKASHA
THERAPIE

AMANDA ROMANIA

AKASHA
THERAPIE

Den Seelenplan klären,
das Leben heilen

Praxisbuch

Aus dem amerikanischen Englisch
von Manfred Miethe

Ansata

Die amerikanische Originalausgabe erschien 2011 unter dem Titel
»Akashic Therapy« im Verlag Balboa Press.
A division of Hay House, USA.

Verlagsgruppe Random House FSC®N001967
Das für dieses Buch verwendete
FSC®-zertifizierte Papier *Super Snowbright*
liefert Hellefoss AS, Hokksund, Norwegen.

Ansata Verlag
Ansata ist ein Verlag der Verlagsgruppe Random House GmbH.

ISBN 978-3-7787-7475-5

Erste Auflage 2013
Copyright © 2011 Amanda Romania
Translation rights arranged through Deanna Leah, HGB Productions, Chico CA
(www.hgbproductions.com)
Copyright © der deutschsprachigen Ausgabe 2013
by Ansata Verlag, München,
in der Verlagsgruppe Random House GmbH
Alle Rechte sind vorbehalten. Printed in Germany
Einbandgestaltung: Reinert & Partner, München
Satz: Leingärtner, Nabburg
Druck und Bindung: GGP Media GmbH, Pößneck

www.ansata-verlag.de

Für meine Tochter Scarlett,
die Liebe und Licht in mein Leben brachte,
und für meinen Mann Stephen,
der mir die Tür zu einem Traum öffnete.

Inhalt

3

4

5

Ich stehe in einem Wirbel und falle,
um mich herum Augen, die mir zusehen.
Durch den Nebel der Zeit schaue ich,
durch die Schleier, die sich heben, schreite ich,
in mein Herz falle ich,
erkenne mich vollkommen,
höre meinen Geliebten rufen,
verkörpere ganz und gar meine Realität.
Öffnet die Tür, ich bin bereit.

Amanda Romania, 2007

1

DIE EINLADUNG

Machen Sie sich
mit mir auf die Reise zur Akasha-Chronik

Willkommen.

- Hatten Sie jemals ein Déjà-vu-Erlebnis?
- Haben Sie jemals eine starke Verbindung zu jemandem oder eine starke Abneigung gegen eine Person gespürt, der Sie gerade erst begegnet sind?
- Hatten Sie jemals körperliche Symptome, die nicht erklärt werden können und die scheinbar grundlos auftauchen und wieder verschwinden?
- Haben Sie sich jemals von einer geschichtlichen Periode so stark angezogen gefühlt, dass Sie sich gewünscht haben, damals gelebt zu haben?
- Gibt es Länder, die Sie auf keinen Fall besuchen möchten, oder Orte, an die Sie immer wieder denken müssen oder die Sie niemals verlassen könnten?
- Haben Sie manchmal das Gefühl, dass innerer Frieden und Erkenntnis ganz nah, aber doch unerreichbar sind?
- Möchten Sie mehr über die Reise Ihrer Seele und Ihre göttliche Bestimmung erfahren?
- Fragen Sie sich manchmal, welches Karma Sie mit sich herumtragen und wie es sich auf dieses und das nächste Leben Ihrer Seele auswirkt?

Wenn Sie auch nur eine dieser Fragen mit Ja beantwortet haben, dann sind Sie zu diesem Buch geführt worden. Dann haben Sie begonnen, auf Ihr Herz und Ihre Seele zu hören, um die nächste Stufe auf Ihrer spirituellen Suche zu erreichen. Mögen Sie zu dem Glück, der Schönheit und der Harmonie finden, nach denen Sie sich sehnen.

Erlauben Sie mir, Sie mit auf eine Reise zu nehmen, auf der Sie Ihr inneres Heiligtum entdecken und die Schleier lüften werden, die bisher Ihr zutiefst inneres Wissen verborgen haben.

Die Akasha-Chronik ist, wenn man so will, die Datenbank des Universums, und jeder hat darin eine einzigartige persönliche Datei. Darin wiederum ist die Geschichte seiner Seele aufgezeichnet – mit allem Lichten und Dunklen, mit allem Negativen und Positiven. Seit vielen Jahren ist es meine Aufgabe, andere Menschen durch ihre vergangenen, gegenwärtigen und kommenden Leben zu begleiten und all das aufzulösen und zu heilen, was ihnen nicht dienlich ist. Ich bin zu der Erkenntnis gelangt, dass dieser Prozess tatsächlich eine Therapieform ist, die der spirituellen Suche der Seele dient.

In der Akasha-Therapie setze ich eine spezielle Meditation ein, um die Vorleben, die gegenwärtige Existenz, das Leben zwischen den Leben und auch die noch kommenden Existenzen zu erforschen. Die Akasha-Therapie kann als metaphysische Methode bezeichnet werden, weil sie sich mit dem Transzendenten befasst – mit einer Realität, die über jene hinausgeht, die wir mit unseren Sinnesorganen wahrnehmen können.

Es ist meine Berufung und meine Leidenschaft, andere Menschen auf ihrer spirituellen Reise zu unterstützen. In diesem Buch setze ich meine Begabung ein, um Ihr Herz und Ihren Wesenskern zu erwecken und Ihnen zu zeigen, wie Sie die universelle Energie besser verstehen und dieses Wissen gewinnbringend in Ihrem Alltag anwenden können.

Ich werde Sie dazu anleiten, Ihre spirituellen Gaben und Sinne so einzusetzen, dass Sie inneren Frieden erlangen und Ihre spirituelle Bestimmung erkennen können.

Sie werden Ihrem Unterbewusstsein eine Stimme geben, die es bisher noch nicht gehabt hat, und eine Methode erlernen, mit der Sie unter anderem positive Affirmationen auf sehr tiefe Weise in Ihrem Leben verankern können.

Da ich in den vergangenen zehn Jahren mit indigenen Ältesten und Schamanen auf dem Gebiet der Energie heiliger Stätten, der Rituale und der ägyptischen Einweihung gearbeitet habe, verfüge ich über große Erfahrung im Umgang mit der Akasha-Chronik. Ich werde mein Wissen und viele damit zusammenhängende Geschichten in den folgenden Kapiteln mit Ihnen teilen.

Und nun lade ich Sie in aller Demut ein, die Schleier zu lüften und die Geheimnisse Ihrer persönlichen Akasha-Aufzeichnungen zu entdecken.

Eine Schatzkarte zur inneren Welt

In jedem Augenblick erschaffen wir uns unsere Realität neu. Durch unsere Gedanken und Handlungen fügen wir dieser Wirklichkeit ständig etwas hinzu.

Die Planeten und das ganze Universum sind ununterbrochen in Bewegung und verändern sich ständig. Viele Menschen verstehen die aktuellen und noch kommenden Veränderungen weniger als globale Katastrophe denn als ein neues Paradigma – eine Zeit, in der wir uns vom *Homo sapiens* zum *Homo lumens,* also zum erleuchteten Menschen entwickeln. Durch unsere individuellen Erfahrungen und durch das kollektive Bewusstsein entwickelt sich die Menschheit auf vielen Ebenen stetig weiter.

Viele haben den Ruf bereits vernommen und setzen sich leidenschaftlich dafür ein, ihr Bewusstseinsniveau anzuheben und ihre Verbindung zum Geistigen zu stärken. Viele wissen bereits, dass sie eine Aufgabe auf diesem Planeten zu erfüllen haben, aber sie haben nur eine vage Ahnung davon, wie genau diese wohl aussehen mag. Es fehlt ihnen einfach an klarer Absicht und Ausrichtung.

Sie selbst haben täglich Kontakt mit den äußerlichen Elementen Ihrer Welt, aber wie oft wenden Sie sich nach innen? Wie oft tauchen Sie wirklich in die Tiefen Ihres Wesens ein und lassen Ihre Seele zu Wort kommen?

Viele fürchten sich. Sie fürchten sich vor dem, was sie wohl finden werden. Die Reise, die Sie mithilfe der Akasha-Therapie unternehmen werden, ist anders als alles, was Sie bisher gemacht haben. Hier gibt es keinen Grund zur Furcht, sondern nur Erleuchtung.

In der Akasha-Therapie werden Informationen mithilfe

einer speziellen Meditation erlangt, die Sie in die Lage versetzt, sich ganz unmittelbar mit Ihrem wahren Wesen, dem Kern Ihrer Seele, Ihrem Herzen auszutauschen. Ich selbst habe durch meine vielen Abenteuer und die Reisen zu den heiligen Stätten der Welt erst lernen müssen, diese Gabe entsprechend zu nutzen. Heute, da sich die Schwingung des Planeten verändert, ist die Zeit für mich gekommen, meine Geschichte und meine Lehre auch mit Ihnen zu teilen.

Dieses Buch ist bewusst als leichte Lektüre gedacht und enthält daher viele Geschichten und Beispiele. Eingestreut finden Sie Meditationen, die Ihnen helfen sollen, Ihre wahre Intention zu finden, mit dem Herzen zu arbeiten, Ihre geistigen Führer anzurufen und jene Bereiche der Akasha-Chronik aufzusuchen, die Ihnen Antworten auf Ihre Fragen liefern, zugleich aber unter Umständen auch einige neue Fragen in Ihnen aufsteigen lassen werden.

Ich habe alle Meditationen so aufgebaut, dass es Ihnen leichtfallen wird, sie auszuführen. Sie können die einzelnen Meditationen entweder aufnehmen oder sie sich von einer anderen Person vorlesen lassen. Nach meiner Erfahrung tauchen bestimmte Bilder oder Botschaften bereits dann auf, wenn man das Buch einfach vor sich hat und die Meditationen langsam und andächtig liest.

Darüber hinaus werde ich mit Ihnen jene ätherischen Codes und Schlüssel teilen, die ich selbst auch dazu benutzt habe, Verbindung zu anderen Dimensionen aufzunehmen und meine Suche immer mehr auszuweiten.

Dieses Buch ist wie eine Schatzkarte. Sie müssen ihr nur vertrauen und den Anweisungen folgen, bis Sie zu dem Kreuz kommen, das die Stelle markiert, an der Ihr Schatz verborgen liegt.

Entspannen Sie sich, atmen Sie ruhig und tief und halten Sie sich an die folgende Affirmation:

Ich bin mit Herz und Seele energetisch
mit dem Universum verbunden.
Die Zeit setzt mir keine Grenzen.
Ich verbinde mich mit Gaia, die mich nährt.
Ich greife nach den Sternen, die mich umgeben.
Ich bin bereit,
mir die Reise meiner Seele anzuschauen.
Ich bin sicher.
Ich bin Liebe.

Karma und Dharma

Jeder hat in der Akasha-Chronik aufgezeichnetes Karma, ob nun positiv oder negativ. Dort gibt es keine Bewertung, es geht nur um die Ursachen und Wirkungen, die Sie selbst erschaffen haben. Das Dharma geschieht in Übereinstimmung mit den Naturgesetzen und stellt das Gleichgewicht des Lebens immer wieder her. Wenn wir unser Karma klären, gleichen wir wiederum das Dharma aus.

In der Vergangenheit wurden die karmischen Zyklen eines Lebens meist im darauffolgenden Leben ausgeglichen. Es scheint, dass wir uns alle auf dem Rad des Dharma befinden.

Ich habe allerdings herausgefunden, dass in der heutigen Zeit nicht nur das Karma aus früheren Leben seine Auswirkungen zeigt, sondern auch bereits das Karma aus diesem Leben.

Ja, das kann alles sehr verwirrend sein.

Das liegt an den neuen Bewusstseinsstufen, die wir erreicht haben. Wir erreichen nun eine völlig neue Stufe auf dem Weg zur Erleuchtung. Die Zeit ist gekommen, unser karmisches Gepäck mit Anmut und Leichtigkeit abzulegen, da es nichts anderes als dieses Gepäck ist, das uns aufhält.

Seit vielen Jahren arbeite ich mit aufgestiegenen Meistern, die uns durch diesen Zyklus des Lebens geleiten. Als ich mit der Arbeit an diesem Buch begann, fragte ich sie, ob es etwas gibt, das sie den Lesern mitteilen möchten.

Eine Botschaft von den Gebietern und Gebieterinnen des Karmas

Geliebte erdgebundene Seelen,
viele Leben lang seid ihr auf eurer Lebensreise und eurem Evolutionsweg vorangeschritten. Viele haben gebetet, von dem Karma erlöst zu werden, das sie an diesen Kreislauf des Lebens bindet.

Wir beobachten euch voller Mitgefühl und Fürsorge und haben für dieses Leben eine Energie erschaffen, die viele von euch erlösen und es anderen ermöglichen wird, ihr Karma noch in diesem Leben auszugleichen.

Eure Seelenenergie kann sich dann zurück ins Universum ergießen, um an der nächsten Phase der Existenz und des Lebens teilzuhaben.

Wir urteilen nicht und sind voller Hoffnung und Dankbarkeit hinsichtlich des Weges, den ihr einschlagt, und der Botschaften, die ihr in die Welt tragt.

Letzten Endes gibt es immer nur die Wahl zwischen der Angst oder der Liebe.

Liebe und Frieden werden die Energieströme heilen.

Oft wandelt ihr auf verschlungenen Pfaden und verhindert, dass ihr die ersehnten Beziehungen und die Bestimmung findet, nach denen ihr euch sehnt und die ihr sucht. Wir hoffen, mehr Freude in euer Leben bringen zu können.

Geht voller Freude und Glück voran – dann werden wir euch unterstützen und euch den Weg ebnen.

Mein persönlicher Weg

Ich persönlich glaube, dass wir in einer Zeit leben, in der wir zu einem neuen Bewusstsein erwachen. Viele Menschen haben mich gefragt, wann mir klar wurde, dass ich hellsichtig bin.

Schon als Kind war ich sehr intuitiv. Ich war klein für mein Alter und wurde dementsprechend herumgeschubst. Aber ich lernte schnell, wie ich Problemen aus dem Weg gehen konnte, indem ich mich einer Gruppe sehr beliebter Mädchen anschloss. Ich war nicht der Mittelpunkt, aber auch keine Außenseiterin mehr. Immer schon hatte ich das Gefühl, beschützt zu werden. Häufig wusste ich bereits im Voraus, wie sich eine Situation entwickeln würde, und meine

Intuition und meine emotionale Intelligenz prägten sich recht früh aus.

Viele Jahre lang war ich sehr erfolgreich im Einzelhandel tätig und hatte mit Menschen aller Altersgruppen zu tun. Aber so mit Ende zwanzig begann ich dann, mein Leben zu hinterfragen. Mit dreißig bekam ich meine Tochter Scarlett und wurde von einer erfolgsverwöhnten Managerin zu einer ziemlich überforderten Mutter und Hausfrau.

Als Baby reagierte Scarlett auf bestimmte Nahrungsmittel allergisch, was allerdings erst erkannt wurde, als sie ein Jahr alt war. Bis dahin lebte ich zwölf Monate ohne Schlaf mit einem Baby, das sich kratzte, bis es blutete. Ich selbst hatte zu dieser Zeit Panikattacken, Scham- und Schuldgefühle und alle möglichen selbstzerstörerischen Tendenzen. Es musste einfach einen Ausweg geben! Mein natürlicher Mutterinstinkt setzte irgendwann ein, und ich verabschiedete mich vom blinden Glauben an die Schulmedizin. Glücklicherweise wurde ich zu einem Homöopathen geschickt, der innerhalb eines Monats Scarletts System wieder ins Gleichgewicht brachte. Plötzlich hatte ich ein wunderbares, ganz entzückendes Kind.

Daraufhin begann ich, mich intensiv mit dem Thema Gesundheit und alternativen Heilmethoden zu befassen. Ich fing an, zu meditieren und zu visualisieren. Mein Leben hatte sich eindeutig in eine andere Richtung bewegt. Als Scarlett fünf wurde, hatte ich meine eigene Firma aufgebaut und arbeitete mit einigen großartigen Frauen zusammen. Dies gab mir die Zeit und die Mittel, um zu reisen und das Leben ganz neu zu entdecken.

Meine Ehe steuerte damals auf ein einvernehmliches Ende zu, und ich brauchte wirklich dringend etwas Positives, um meinen Blick nach vorn richten zu können. Genau zu diesem Zeitpunkt stieß ich auf einen Lebensberater, der ein Selbsthilfeseminar leitete. Daran teilnehmend wurde mir klar, dass ich offenbar eine besondere Verbindung zur geistigen Welt hatte und die Gefühle anderer Menschen wahrnehmen konnte.

Im Rahmen dieses Seminars meditierten wir in einer Selbsthilfesitzung über die Mutter einer Teilnehmerin. Während der Meditation spürte ich Hitze in meiner linken Seite und ein Brennen in der Brust. Im Anschluss daran erzählte ich der Frau von meinen Empfindungen, was sie zum Weinen brachte. Sie flüsterte: »Meine Mutter hatte Brustkrebs auf der linken Seite. Sie macht gerade eine Chemotherapie.«

Das war der Weckruf zu einem mir bisher unbekannten Bereich des Lebens. Ich war vollkommen überwältigt. Lange Zeit saßen wir einfach nur still da, weinten und beteten für ihre Familie.

Nach dieser Erfahrung beschloss ich, mein Leben gründlich zu entgiften. Meine Scheidung war auf den Weg gebracht, meine Firma florierte, und meine Tochter und ich waren in unserem kleinen Zuhause, in unserem Zufluchtsort, füreinander da. Wir hatten das ganze Haus von sämtlichem Krimskrams befreit, die Wände cremeweiß gestrichen und es auf allen Ebenen gereinigt. Es war von nun an unser Heiligtum.

Dann beschloss ich, zu einer Ganzkörperentgiftung nach Portugal zu fliegen, was sich als die beste und zugleich folgenreichste Entscheidung herausstellte, die ich je getroffen hatte. Ich hatte das Kleingedruckte nicht gelesen, in dem stand, wie schwierig es sein würde, Koffein und andere schmackhafte, aber giftige Nahrungsmittel und Getränke aufzugeben. Wäre da nicht meine wunderbare Zimmergenossin und neu gefundene Seelenschwester gewesen – eine Amerikanerin, die mir wie ein Engel auf zwei Beinen vorkam –, hätte ich es wohl nie geschafft.

Nach der ersten Woche glich ich einem wandelnden Zombie, der in eine Steppdecke gehüllt umherschlurfte, merkwürdige Träume hatte und für alle Anwesenden Engelkarten mit erstaunlicher Treffsicherheit deutete. Ich war verwirrt, und so sah ich auch aus.

Zu diesem Zeitpunkt nahm mich eine Therapeutin beiseite, die für die spirituelle Heilung während der Entgiftung zuständig war. Sie befahl mir mit mütterlicher Autorität, mich hinzusetzen, und legte mir ein Pendel in die Hand. »Zeig es mir«, sagte sie barsch.

Ich hielt das Pendel an der Schnur und streckte meinen Arm aus. Meine andere Hand zitterte vor Angst und Erregung.

»Es bewegt sich«, sagte ich. »Was bedeutet das?« Ich war ziemlich erschrocken, als der Kristall so wild hin und her schwang.

Sie lachte nur und stellte dann behutsam einige Fragen über meine Träume und meinen Geisteszustand. Dann lehnte sie sich vor und flüsterte: »Du bist dabei zu erwachen, Liebes. Du entdeckst gerade deine Hellsichtigkeit.« Nach und nach kehrte meine Kraft zurück.

Danach unterhielten wir uns noch über die Bedeutung der Botschaften, die ich in meinem Kopf hörte, und die Bilder, die ich in meinen Träumen sah. Sie fand das alles völlig normal.

Dann machte ich mich mit einem tiefen Gefühl des Friedens, wie ich es seit Monaten nicht mehr gehabt hatte, auf den Rückweg zu meinem Zimmer. Der Weg führte mich durch einen Obstgarten, und ich pflückte dort eine Orange. Ich setzte mich hinter eine Mauer und aß die Frucht. Sie schmeckte wie flüssiges Sonnenlicht, und plötzlich fand ich mich in einer Säule aus Sonnenlicht wieder, das mich sowohl umgab als auch in mir war. Obwohl ich gerade das Saftfasten gebrochen hatte, hatte ich kein schlechtes Gewissen, vielmehr spürte ich eine Verbindung zum Göttlichen. Dabei hatte ich das Gefühl, alle Bäume und Blumen hörten mir zu und verstanden mich. Nie war ich der Natur so dankbar wie in diesem Moment.

Schließlich ging ich in mein Zimmer zurück und weinte stundenlang. Ich weinte all die Trauer heraus, die sich in mir angesammelt hatte. Danach begann ich, ein neues Leben für meine Tochter und mich zu planen.

Nach der Entgiftung machte mein spirituelles Wachstum rapide Fortschritte. Ich flog zurück nach England und besuchte meine neue amerikanische Seelenschwester, die in Buckland Hall, in Wales lebte. Buckland Hall ist ein magischer Ort, an dem Tolkien einst die Inspiration für seine Trilogie *Der Herr der Ringe* empfangen hatte. Tagelang gingen wir im Garten spazieren, und ich hatte das Gefühl, all das üppige Grün würde mich wieder zum Leben erwecken. Es kam mir vor, als sei ich in einer Sauerstoffkammer. Ich beschäftigte mich damit, weitere Orakelkarten zu deuten und meine hellsichtigen Fähigkeiten auszubauen. Mehr und mehr setzte ich meine Intuition in allen Bereichen meines Lebens und zunehmend auch für andere Menschen ein.

Nach Buckland Hall erhielt ich eine Einladung nach Kalifornien, um bei Big Bear Mountain an einem Treffen von Ältesten und heiligen Großmüttern teilzunehmen. Als ich dieser Gruppe dann in einer Hotellobby am internationalen Flughaften von Los Angeles begegnete, hatten wir sofort einen besonderen Draht zueinander.

Großmutter Connie, eine Älteste der Hopi, ergriff meine Hände und blickte mir tief in die Augen.

»Du warst beim letzten Treffen dabei«, sagte sie. »Ich erinnere mich an dich.«

»Nein«, erwiderte ich leise und schüttelte den Kopf.

»Das war in einer längst vergangenen Zeit«, sagte sie bestimmt, nickte und sah mir wieder direkt in die Augen.

Zunächst nahm ich an, das sei einfach etwas, was alte Frauen so dahersagen. Als ich jedoch darüber nachdachte, erkannte ich, dass dies ein sehr bedeutsamer Augenblick für mich gewesen war, in dem ich mich tief mit meinen früheren Leben und der Bestimmung meiner Seele verbunden hatte. Ich reiste mit den heiligen Großmüttern von Ort zu Ort, und zu meiner Überraschung luden sie mich ein, das Zimmer mit ihnen zu teilen. Es befand sich in einer kleinen Blockhütte und war mit acht Etagenbetten ausgestattet. Ich hatte das obere Bett in einer Ecke über Großmutter Flordemayo, einer Priesterin der Maya. Ich hatte ja keine Ahnung, dass diese Frauen etwas ganz Besonderes waren und wirklich sehr spezielle Gaben hatten.

Das änderte sich, als ich eines Morgens die Tür öffnete und eine lange Schlange Menschen sah, die draußen warteten, um zu beten und Opfergaben und Geschenke zu überreichen. Meine Aufgabe war recht einfach: Ich sollte den Großmüttern helfen, sich vorzubereiten, während der Zeremonie für ihre Sicherheit sorgen und Tee zubereiten, wenn die Arbeit und die Rituale abgeschlossen waren. Das alles tat ich in meinem rosafarbenen Jogginganzug und Glitzer-

sandalen, was alle anderen vermutlich ziemlich »interessant«
fanden. Die meisten Teilnehmer trugen in auffälligem Kon-
trast zu mir Batikhemden, ethnische Kleidung in allen Re-
genbogenfarben und indianischen Schmuck.

Ich war wahrhaft gesegnet, hatte ich doch die Großmütter
zuerst einmal als ganz normale Frauen erleben dürfen. Ich
hatte gehört, wie sie sich über ihre Männer und Kinder unterhielten, über ihre Sorgen wegen Mutter Erde und darüber,
welchen Preis sie für ihren Dienst zahlen mussten. Sie waren sich einig darin, dass alles in den Händen des Geistes lag,
und dass sie sich nur öffnen und vertrauen mussten.

Während dieser Zeit hatte ich regelmäßig luzide Träume.
Ich dachte, dass ich nur als Zeugin, als Beobachterin und als
eine Art Sekretärin dabei war. Ich nahm Informationen auf
und schrieb sie nieder, um die Geschichte später einmal erzählen zu können.

Die Reise mit den Großmüttern und Schamanen öffnete
mich in vielerlei Hinsicht und stellte meine Verbindung zum
Geist im Schnellverfahren wieder her. Einige Monate danach
begab ich mich auf eine heilige Reise nach Ägypten, wo ich
meine erste bewusste Erfahrung mit der Akasha-Chronik haben sollte.

Was ist die Akasha-Chronik?

Stellen Sie sich vor, dass im Universum eine Bibliothek existiert. Stellen Sie sich ein Netzwerk aus Licht vor, das in sich jede Form von Energie – einschließlich Ihrer eigenen – miteinander verbindet. In der Akasha-Chronik ist alles aufgezeichnet; sie enthält auch das Buch, in dem die Geschichte Ihrer früheren, gegenwärtigen und zukünftigen Leben niedergeschrieben ist.

Halten Sie einen Augenblick lang inne und überlegen Sie einmal, wie gewaltig und wunderbar dies alles sein muss. Schauen Sie sich den Nachthimmel an und erkennen Sie darin die Unendlichkeit. Wir sind umgeben von der Unendlichkeit des Raumes, und ebenso unendlich sind auch Sie.

Das Akasha-Feld fungiert als energetische Matrix und wird auch als das Buch des Lebens bezeichnet. Das Wort *Akasha* stammt aus dem Sanskrit und bezeichnet die Energie, aus der alles Leben entsteht. In meinen Seminaren bezeichne ich damit den allwissenden Raum der Zeit, aber wichtiger noch, ich nenne so die Bibliothek des Lebens oder die Chronik, in der alles aufgezeichnet ist.

Um uns das noch besser vorstellen zu können, müssen wir uns zuerst einmal klarmachen, dass das Universum über eine Art Datenbank verfügt und dass jeder Einzelne als entsprechende Datei darin angelegt ist. Wenn nun jeder eine solche Datei ist, dann ist darin alles über ihn abgespeichert. Die Akasha-Chronik ist gewissermaßen die Stammdatei; Sie müssen nur das Passwort kennen, um sich einzuloggen.

Wenn ich in meinen Seminaren darüber spreche, frage ich immer, wer von den Anwesenden ein Mobiltelefon hat, woraufhin fast jeder im Raum die Hand hebt. Dann erkläre ich Folgendes: So wie Mobiltelefone durch Relaisstationen miteinander verbunden sind, damit wir mit jemandem auf der anderen Seite der Welt sprechen können, so fungieren auch unsere Gehirne und Energiesysteme als Relaisstationen, um mit der Chronik eine Verbindung aufbauen zu können.

Die Akasha-Chronik – so, wie ich sie wahrnehme – ist sowohl die Schöpfung als auch die Verschmelzung all unserer psychischen, physischen, emotionalen und geistigen Reaktionen auf das Leben. Wenn wir Verbindung zur Frequenz der Akasha-Chronik aufnehmen, finden wir zum Kern unseres Seins. Die therapeutische Wirkung entsteht dadurch, dass wir im Zuge dessen in Kontakt kommen mit Eigenschaften wie Mitgefühl, Vergebung, Respekt und der Fähigkeit loszulassen und so all unseren Aufzeichnungen Frieden bringen, in denen noch Traumata oder Stress abgespeichert sind.

So weit der theoretische Teil der Geschichte. Nun komme ich zu der praktischeren, etwas esoterischen Seite der Geschichte – zu dem, was ich in meiner ersten Erfahrung mit dieser erstaunlichen neuen Welt der Information und Erkenntnis selbst gesehen und erlebt habe.

Meine allererste Begegnung mit dem Akasha-Feld hatte ich auf meiner ersten Reise nach Ägypten. Ich besuchte damals die Pyramiden von Giseh als Touristin. Als wir am Eingang ankamen, sträubte sich in mir etwas dagegen, die Große Pyramide zu betreten, da es mir unangemessen erschien. Ich konnte das damals nicht erklären, aber mir fehlte einfach eine Zeremonie, in der ich entsprechend darauf vorbereitet worden wäre.

Stattdessen buchten meine Freundin und ich eine geführte Tour durch die Ebene von Giseh. Unser ägyptischer Führer geleitete uns durch den Sand hinter die Pyramide und zur Sphinx, wo außer uns keine anderen Touristen zu sehen waren. Wir gingen schließlich durch einige Tunnel unter den Pyramiden hindurch, und unser Führer erklärte uns, dass die Amerikaner hier Probebohrungen vornahmen, um weitere Grabstätten und Tempel ausfindig zu machen. Tatsächlich konnte man in den Wänden kleine Löcher ausmachen, mit Kreide nummeriert und mit Nachrichten versehen.

Plötzlich tat der Fremdenführer etwas Sonderbares: Er bedeutete mir, mich vor eine Wand zu stellen. Dann hob er meine Hände und drückte sie sanft gegen die feuchtkalte Wand. Anschließend drückte er meine Stirn ebenso sanft gegen den flachen weißen Stein. Ohne ein Wort machte er sich mit meiner Freundin auf, um das Tunnelsystem weiter zu erforschen und ließ mich in dieser Position einfach zurück.

Zuerst fing es in meinem Kopf zu rattern an: *Das ist doch verrückt. Es ist ja eiskalt hier. Ich werde von Kopf bis Fuß von diesem blöden weißen Staub bedeckt sein. Was für ein Verrückter! Wie kann ich nur so blöd sein!*

Doch dann beschloss ich, mich so gut es ging zu entspannen. *Na schön*, dachte ich und kicherte leise vor mich hin, *das wird allemal eine gute Anekdote zum Erzählen sein.* Ich schmunzelte und entschied, das alles nicht so ernst zu nehmen. Augenblicklich veränderte sich meine Wahrnehmung. Ich schloss die Augen und konnte vor mir einen Tunnel sehen, einen langen dunklen Tunnel. Aus ihm heraus starrten mich zwei große schwarze Wächterfiguren an, die wie Wölfe aussahen, aber Speere mit dem Anch-Symbol an der Spitze trugen. Sie wirkten wie Figuren aus einem Film, und ich war vor Angst wie versteinert. Aber sie taten nichts weiter, als mich anzustarren.

Ich atmete tief durch, versuchte, mich zu erden, und betete wie verrückt, dass dies keine Dämonen waren, die mich einfach mit sich reißen würden. Als der Führer nach einer gefühlten Ewigkeit endlich zurückkam, nahm er meine Hände behutsam von der Wand und lächelte. Mir war kalt, und ich war von Kopf bis Fuß in weißen Staub gehüllt. Als wir wieder Tageslicht sahen, zitterte ich. Außerdem glitzerte ich, weil ich über und über mit etwas bedeckt war, das Kristallstaub zu sein schien.

Ich behielt die Geschichte so lange für mich, bis ich zum ersten Mal nach Glastonbury reiste und dort einige Zeit mit einer Frau verbrachte, die später meine Lehrerin werden sollte. In der Nähe von Glastonbury hatte ich mich in einem kleinen Zentrum einquartiert. Es ist ein Ort mit einer außergewöhnlichen Energie, an dem die Artuslegende entstanden ist. Es heißt, Maria Magdalena habe hier für kurze Zeit gelebt, und für viele Menschen ist Glastonbury das Herz-Chakra des Planeten.

Möglicherweise ist es das Herz-Chakra, aber Glastonbury ist noch viel mehr. Es ist nicht zuletzt auch ein Ort der Liebe; ein Ort von Licht und Schatten. Viele, die hierher pilgern, um Heilung für ihr Herz zu finden, müssen sich mit den Gründen auseinandersetzen, warum sich ihr Herz nur so schwer öffnet. Dieser Prozess kann sehr schnell gehen und durchaus schmerzhaft sein.

An diesem besonderen Ort lernte ich also, wahrhaft ich selbst zu sein und mein Herz zu öffnen. Genau das war der Schlüssel zu allem, was sich danach in meinem Leben ereignen sollte. Sobald ich mich voll und ganz darauf eingelassen hatte und damit arbeitete, kam alles andere sehr schnell, und es traf mich mit voller Wucht.

Als ich dann eines Tages ein Seminar zum Thema »Blume des Lebens« besuchte, erzählte ich meiner neuen Lehrerin von meinem Erlebnis in Ägypten. Zu meinen Ausführungen über die Wächter nickte sie nur beiläufig und schien zu wissen, wovon ich sprach. Der weiße Staub, so erklärte sie mir, wäre Teil meiner Einweihung in die Methoden der Priester und Priesterinnen von Giseh gewesen.

Allerdings runzelte sie die Stirn, als ich ihr von einem seltsamen Stein erzählte, den ich im Kairoer Museum an einer Wand hatte stehen sehen. »Aha, der Stein des Bewusstseins«, bemerkte sie. »Und er hat dich gefunden?«

»Ja«, antwortete ich.

Ich erzählte ihr von jenem Sonntagnachmittag, an dem ich durch das Kairoer Museum geschlendert war und mich plötzlich von einem ziemlich seltsamen weißen Steinkasten an der Wand fast magisch angezogen fühlte. Ich hatte tatsächlich das Gefühl, wie von einem Magneten angezogen zu werden. Der Stein war ohne Inschrift und auch nicht im Museumsführer aufgeführt. Irgendwie spürte ich, dass er den Kontakt zu mir gesucht hatte. In seiner Nähe war mir dann ganz schwindelig geworden.

Meine Lehrerin erklärte mir, dass dieser Stein aus Atlantis stamme und einst nach Ägypten gebracht worden sei, um heilige Aufzeichnungen zu bewahren. Außerdem könne er Menschen mit der kosmischen Energie verbinden. Sie schlug vor, dass wir nach Ägypten zurückkehren und ihm noch einen Besuch abstatten sollten. Ich stimmte zu, und schon im darauffolgenden Monat begab ich mich zusammen mit einer Reisegruppe auf meine erste heilige Reise quer durch das Niltal.

Unterwegs fühle ich mich wie ein Computer, dessen

Programme und Datenbanken täglich aktualisiert wurden. Heute weiß ich, dass ich damals die Einweihungen und Einstimmungen gespürt habe, die an mir vorgenommen worden sind.

Ein Wort zur Erklärung: Wir alle tragen heilende Energie in uns, die wie elektrischer Strom durch unsere Adern fließt. Wenn wir unser Energiefeld reinigen und uns auf etwas wie beispielsweise Reiki einstimmen, wird der Strom gewissermaßen eingeschaltet. Die Symbole, mit denen wir während einer Einweihung ausgestattet wurden, bleiben immer bei uns. Wenn man dann eine heilige Stätte aufsucht oder dort meditiert, können die dort zuständigen Wächter diese unsichtbaren Symbole lesen und die darin gespeicherte Energie zurückverfolgen. Man kann das auch mit einem Code vergleichen, der einem eine bestimmte Tür öffnet, oder mit einer Art kosmischem Pass.

Viele Menschen sind mit gewissen Fähigkeiten geboren, aber die Codes werden nie in ihnen aktiviert. In Ägypten wurden in alter Zeit viele Seeleneinweihungen vorgenommen und Energien aktiviert. Jeder Tempel hatte einen besonderen Zweck und lehrte etwas Bestimmtes. Die alten Ägypter wussten, dass sie einem Reinkarnationszyklus unterworfen waren, und jedes Mal, wenn sie eine Einweihung absolviert hatten, hob sie das auf eine energetisch höhere Bewusstseinsstufe.

Im vierten Teil dieses Buches werde ich Sie durch eine Meditation durch das magische Ägypten führen und dabei mit Ihnen die meines Erachtens wichtigsten heiligen Stätten aufsuchen. Wir werden in Abu Simbel an der Basis ansetzen und dann nacheinander in jedem Tempel Ihr Karma klären. Auf unserer Reise werden wir die dort entstandenen Lehren abrufen, aktivieren und in Übereinstimmung mit unseren Chakras bringen.

Meine erste Akasha-Therapiesitzung führte ich während einer Gruppenreise zum ägyptischen Tempel von Philae durch, wo ich Visionen hatte und plötzliche Einblicke in frühere Leben.

Philae ist ein Tempel der Isis und dem göttlich Weiblichen gewidmet. Er ist den Ägyptern so heilig, dass sie bemüht sind, mindestens einmal im Leben eine Pilgerfahrt hierher zu unternehmen.

Während meines ersten Besuchs beteten und meditierten wir gemeinsam in der Gruppe. Dann ging jeder zu der Stelle, von der er sich besonders angezogen fühlte. Eine Gruppe von fünf Frauen stand neben mir bei einigen Treppenstufen. Jede von ihnen hatte eigene Erinnerungen an frühere Leben. Einige begannen zu weinen und sahen verängstigt aus. Plötzlich wurde meine Hellsichtigkeit aktiviert, und ich begann mit ihnen zu arbeiten, um das zu heilen, was ihnen so großen Schmerz verursachte. Anfangs hatte ich gedacht, dass diese Informationen aus meinen eigenen Vorleben stammten, aber schnell wurde mir klar, dass ich nicht in all diesen Zeiten gelebt haben konnte. Woher in aller Welt wusste ich nur, was ich sagen und tun sollte?

Danach unternahm ich noch drei weitere heilige Reisen nach Ägypten, um die Schleier meiner Geschichte, meiner Fähigkeiten und meiner Seelenbestimmung zu lüften. Sobald ich dies für mich geklärt hatte, zog ich mehr und mehr jene Menschen an, denen durch diese Fähigkeit geholfen werden konnte.

Ich suchte weitere heiligen Stätten auf, um die dort vorherrschenden Energien zu untersuchen, und nutzte mein Wissen aus verschiedenen ganzheitlichen Therapieansätzen und metaphysischen Lehren, um Sitzungen abzuhalten. Das, was ich tat, schien den Menschen, die mich aufsuchten und um Hilfe baten, Heilung, Klarheit und Klärung zu bringen. Aus all dem entwickelte sich schließlich dann die Akasha-Therapie.

Was ist die Akasha-Therapie?

In der Akasha-Therapie werden frühere Leben, das gegenwärtige, dasjenige zwischen den Leben und zukünftige Existenzen erforscht, um diese zu heilen, zu klären und Klarheit zu erlangen. Die Akasha-Therapie ist eine metaphysische Methode, da sie sich mit dem Transzendenten befasst, also mit einer Realität, die mit den normalen Sinnen nicht wahrnehmbar ist. Diese Realität wird vor allem mit den ätherischen oder »hellen« Sinnen wahrgenommen. Dazu im Folgenden einige kurze Erläuterungen:

Hellsichtig: Um bestimmte Dinge sehen zu können, lasse ich meine Augen umherwandern, bis meine Sicht verschwimmt. Während der Meditation erscheinen mir Botschaften in Form von Bildern.
Hellfühlend: Es ist wichtig zu beschreiben, wie man sich während einer Sitzung oder in der Meditation fühlt. Angst oder Freude weisen darauf hin, dass karmische Themen involviert

sind. An welcher Stelle der Körper Gefühle wahrnimmt, ist ebenfalls von Bedeutung, da bestimmte Körperteile oder Chakras darauf hinwiesen, welche Bereiche geklärt werden müssen.

Hellhörend: Botschaften – häufig in Form von Worten – tauchen im Geist des Klienten auf. Manchmal ist das wie ein Flüstern, das wichtige Namen oder Orte während der Sitzung mitteilt.

Hellwissend: Darunter verstehen wir ein Gefühl der Resonanz. Während einer Sitzung kommt es immer wieder zu Momenten, in denen sich alles richtig anfühlt, anhört und aussieht – als ob es einfach so sein sollte.

Die Akasha-Therapie wurde von mir entwickelt, um Menschen zu helfen, in ihrer Akasha-Chronik zu lesen. Diese Hellsinne helfen ihnen, alle Aspekte jener Informationen zu heilen, zu klären und zu erkennen, die im Buch ihrer individuellen Seelenreise aufgezeichnet sind.

Die Methodik der Akasha-Therapie

Regression und Progression unter Hypnose werden in vielen Formen der Psychotherapie eingesetzt, um unbewusste Gedanken aufzudecken und Glaubensmuster zu verändern, die dem Betroffenen Probleme bereiten.

Eine Sitzung beginnt bei mir immer mit der uralten Meditation über das göttliche Herz – Sie werden diese im Buch noch kennenlernen. Diese Meditation, die aus der Einweihung in das göttlich Weibliche stammt, ermöglicht es dem Klienten, sein Herz zu öffnen und Fragen ohne Angst oder Egobeteiligung aus dem Unterbewusstsein heraus zu beantworten. Aufgrund dieser tiefen Verbindung kommen wir häufig in Kontakt mit unserem Überbewusstsein.

In der Akasha-Therapie werden weder Namen noch spezifische Daten benutzt. Daher entsteht auch keine Verwirrung. Egobeteiligung ist in dieser Arbeit nicht nötig. Wir arbeiten daran, die gespeicherten Aufzeichnungen zu heilen, und brauchen sie nicht zu sehen oder noch einmal zu durchleben.

Im Gegensatz zu eher klinischen Therapiesituationen versuche ich, eine Umgebung zu schaffen, in der sich meine Klienten entspannen und sich ganz ihren erstaunlichen Visionen hingeben können. Oft setze ich Musik ein, die eine Resonanz zu Ägypten und der Akasha-Chronik hat. In einer Unterhaltung mit dem bekannten Rückführungsexperten Brian Weiss erfuhr ich, dass von allen Orten, mit denen Menschen während einer Rückführung Kontakt aufnehmen, das alte Ägypten oder Atlantis am häufigsten vorkommen.

Während der Sitzung erzeuge ich eine ätherische Verbindung zur Königskammer in der Großen Pyramide von Giseh. Als ich diesen Ort während der Tagundnachtgleiche mit einigen Gruppen besuchte, bestand meine Aufgabe nach einer privaten Zeremonie immer darin, die Initianten in die Streitwagen- oder Steinkammer zu geleiten. Sobald dieser Streitwagen einmal mithilfe von Reiki-Symbolen und uralten ägyptischen Schlüsselworten geöffnet worden war, wurde die dortige Energie aktiviert, und die Initianten konnten sich einige Minuten lang mit ihrem Seelenstern oder der Energie des Universums verbinden.

Das funktioniert im Prinzip ganz ähnlich wie bei einem Fahrstuhl. Ich befestige ätherische Sicherungsseile, öffne den Schleier zum Himmel und hülle den Klienten in ätherische Bänder, um seine Sicherheit zu gewährleisten und die Verbindung zu ihm aufrechtzuerhalten. Wenn er schließlich wieder zurückkehrt, berichtet er von einem Gefühl der Zugehörigkeit und der Verbindung zur Erde. Viele Klienten vergleichen es mit der Erfahrung im Mutterleib.

Gleich, ob Sie nun an einer heiligen Stätte, in der Natur oder zu Hause sind – Sie können überall Resultate erzielen. Sie werden sich sicher fühlen und eine eindeutige Verbindung zu sich selbst und dem Universum spüren. Die Sitzungen sind voller Lektionen für das ganze Leben und voller Erfahrungen, an denen Körper, Geist und Seele teilhaben. Eine meiner Freundinnen berichtete Folgendes:

Dianes Bericht

Ich lag im Streitwagen und schloss meine Augen. In diesem Moment verließ ich auch schon meinen Körper und wurde in die Tiefen des Raumes geschleudert. Umgeben von unendlicher Schwärze, goldenen Sternen und Symbolen. Ringsum absoluter Friede und vollkommene Schönheit. Dann Klänge. Wunderschöne Engelstöne schienen aus Sphären jenseits von Zeit und Raum zu kommen. Und plötzlich ein Aufblitzen der Erinnerung, und ich wusste, dass ich augenblicklich umkehren musste oder aber niemals wieder den Weg zurück finden würde.

Ich öffnete die Augen und sah mehrere Gesichter, die sich über den Rand des Streitwagens beugten und mich riefen. Langsam kehrte ich zurück. Ich brachte es fertig, mich aufzurichten und aus dem Wagen zu klettern, konnte aber kaum stehen, weil ich von der Schönheit des Erlebnisses noch so eingenommen und zutiefst bewegt war.

Die nächste Person nahm ihren Platz ein, und ich gesellte mich zu den anderen Frauen, die über dem Streitwagen Töne erklingen ließen. Das war eine herrliche Erfahrung, weil sie mir so vertraut vorkam und ich von Erinnerungen an frühere Leben als Priesterin überflutet wurde. So sanft, so subtil, so vollkommen weiblich. Ich bin so dankbar, und auch heute noch bewegt mich dieses Erlebnis. Ich werde es nie vergessen.

Ich danke Amanda für das, was sie mit uns geteilt hat, und für die wunderbare Arbeit, die mich heute noch bewegt.

Warum Akasha-Therapie?

Häufig meinen wir, erst einmal damit beginnen zu müssen, unseren physischen Körper zu heilen und die Grenzen unseres logisch geschulten Verstandes zu erweitern. Dabei verlieren wir aber für gewöhnlich die emotionalen und geistigen Aspekte aus den Augen. Genau hier aber verbergen sich oft die wichtigen Themen und gären vor sich hin, was zu Traurigkeit, Krankheit und Schmerz führt. Diese krank machenden Faktoren bleiben durch viele Leben hindurch verborgen, bis der Betroffene bereit ist, sie zu heilen.

Die Akasha-Therapie arbeitet mit all diesen Aspekten der Seelenreise. Sie wirft Licht darauf, um ganzheitliche Heilung, Klärung und Klarheit zu bewirken. Auf einer Reise in die Welt von Akasha arbeiten wir immer mit den vier Haupt-bereichen des bewussten wie unbewussten Lebens. Diese Bereiche versuchen wir ins Gleichgewicht zu bringen, denn auf diese Weise ziehen wir neue Gelegenheiten an und bringen Frieden und Glück in unser Leben.

Lassen Sie mich nun erklären, wie dies auf spiritueller, emotionaler, mentaler und physischer Ebene geschieht.

Die spirituelle Ebene

Die Akasha-Reise ermöglicht es Ihnen, Kontakt zu Ihren geistigen Führern aufzunehmen und jene Informationen ab-zurufen, die Ihnen auf Ihrem spirituellen Weg weiterhelfen können. Unsere irdischen Erfahrungen können sehr verwir-rend sein, da viele Dinge rational betrachtet keinen Sinn er-geben. Durch die Akasha-Therapie werden Sie in die Lage versetzt, sich jene Werkzeuge anzueignen, die Sie auf Ihrer Reise unterstützen, und jene Themen zu heilen, die Sie blo-ckieren und aufhalten – und all das, ohne sich im Kreis zu drehen oder sich in Oberflächlichkeiten zu verlieren. Sie drin-gen direkt zum Kern des betreffenden Themas vor und finden eine Lösung.

Dann obliegt es allerdings Ihnen selbst, ob Sie Ihrem Her-zen folgen wollen oder nicht. Wenn Sie sich in den Raum Ihres Herzens begeben, ermöglichen Sie Ihrer Intuition, stärker zu werden.

Häufig werde ich gefragt, wann Menschen sich ihrer Spi-ritualität gewahr werden. Dann antworte ich normalerweise: »Fünf Minuten bevor sie sterben.« Denn in dieser Phase spielen nichts anderes und niemand anderes eine Rolle. Sie sind kurz davor, in einen völlig neuen Lebensabschnitt einzutreten – nur dieses Mal in energetischer Form. An diesem Punkt übernimmt das Unterbewusstsein die Kontrolle, während der Verstand einfach aufgibt und die Situation akzeptiert.

In dieser jetzigen Zeit des Wandels und Erwachens folgen viele Menschen bereits ihrem Herzen und betrachten die Welt mit anderen Augen. Das alles wurde in vielen heiligen Büchern vorhergesagt, und manch einer hat es in seinen Visionen gesehen. Als ich mich selbst auf den spirituellen Weg gemacht habe, veränderten sich auch meine Überzeugungen und meine Denkmuster. Dieser Weg führte mich von der Angst zur Liebe und hat mir geholfen, bewusste Entscheidungen zu treffen, die nicht nur mir, sondern auch vielen anderen Menschen dienen.

Die Akasha-Therapie kann jene spirituellen Gaben neu aktivieren, die Sie in früheren Leben erworben haben, die aber jetzt still in Ihnen schlummern. Einmal arbeitete ich mit einer Gruppe Frauen in der Krypta unterhalb des Tempels von Dendara in Ägypten. Die Krypta ist eine kleine, dunkle Höhle, in der Botschaften der Liebe, des Lebens und der Leidenschaft verborgen sind. Eine der Teilnehmerinnen erzählte mir von ihrem Erlebnis und berichtete, was diese Akasha-Einweihung in ihr ausgelöst und freigesetzt hatte:

Sophies Bericht

Während der Einweihung mit dir in der Krypta hatte ich keine Visionen oder Erinnerungen. Das geschah alles erst später. In Karnak nahm mich einer der Tempelwächter beiseite, nachdem wir Sachmet gesehen hatten, und bat mich zu warten, bis alle anderen gegangen waren. Dann bedeutete er mir, dass ich zwei bis drei Minuten allein mit Sachmet verbringen sollte. Kurze Zeit darauf begann ich zu brüllen wie eine Löwin! Daraufhin berührte er das untere Ende meiner Wirbelsäule. Ich hatte das Gefühl, es hatte irgendetwas mit meiner Kundalini-Energie zu tun.

Heute ist Krishna in mein Leben getreten und lehrt mich neue Formen der Kundalini-Meditation. Jeden Morgen beginne ich den Tag mit einer Meditation, um die Kundalini-Energie zu erwecken. Ist das nicht erstaunlich? Das alles geschah nach der Einweihung in Dendara. Danke!

Die emotionale Ebene

Das Karma aus früheren Leben und das Karma unserer Angehörigen können emotionale Gifte in uns erzeugen und Schockzustände herbeiführen, die mitunter auch in zukünftigen Leben wieder auftauchen. Dies geschieht, wenn sich eine ähnliche Situation ereignet – entweder mit einer anderen Seele oder auf einem anderen Abschnitt unserer Reise. Dann wird jenes emotionale Gift aktiv und äußert sich in Form von Trauer oder Stress, oder es überschwemmt einen schier wie eine Welle.

In der Akasha-Therapie werden diese Gifte in Form von Geschichten an die Oberfläche gespült, sodass wir sie ansehen können, ohne sie noch einmal durchleben zu müssen. Dadurch werden Veränderungen und Heilung möglich.

Die Akasha-Therapie ist im Übrigen auch ein ganz erstaunliches Heilmittel für Missbrauchsopfer, weil sie es den Betroffenen ermöglicht, sich aus ihrer Opferrolle zu befreien. Die Schlüsselbegriffe und -eigenschaften des betreffenden Gefühls tauchen während einer Sitzung auf. Manchmal fühlt der Klient sie auch, aber nicht in dem Ausmaß, dass die ganze Sitzung dadurch bestimmt würde. Wir lassen die negativen Gefühle dann los und ersetzen sie durch positive. In diesem Bereich arbeiten wir vor allem mit Vergebung und Mitgefühl: Vergebung und Mitgefühl für den Klienten und für die Situation, die den emotionalen Stress verursacht hat.

Ich habe erlebt, wie Menschen mit Wut, Rage, Angst, Leidenschaft und tiefer Liebe reagiert haben, wenn sie Unbekannten an heiligen Stätten begegnet sind. Hinterher können sie sich nur an sehr wenig erinnern, außer dass tiefe Emotionen in ihnen aufgestiegen sind und freigesetzt wurden. Wenn wir dann untersuchen, wie ihr Leben vor der Begegnung mit dieser Person ausgesehen hat, entdecken wir häufig, dass sie tatsächlich starke Gefühle unterdrücken und ihr Karma weder geheilt noch geklärt haben. Ich bin Menschen begegnet, die in ihrem Zorn Flüche ausgesprochen haben, die sie später rückgängig machen und für die sie im Nachhinein um Vergebung bitten mussten. Werden diese Flüche nicht aufgelöst, können sie sich in späteren Leben wieder bemerkbar machen.

Die mentale Ebene

Häufig verstärken einschränkende Glaubensmuster und mentale Blockaden unsere Angst und nähren das Ego. Wie wir alle wissen, kann der Verstand uns üble Streiche spielen, und häufig hat er auch seine Freunde Selbstsabotage und Selbstmitleid mit im Schlepptau.

Ein Teil der Akasha-Therapie besteht darin, Bilder zu erschaffen oder Worte und Affirmationen einzusetzen, um die gespeicherten Aufzeichnungen mit Heilung und Frieden statt mit Negativität anzureichern. Ich bin überzeugt, dass wir die Aufzeichnungen zwar selbst nicht verändern, sie aber sehr wohl auf positivere Weise neu interpretieren können. In den Sitzungen, die ich bisher geleitet habe, haben wir die tatsächlichen Ereignisse nicht ändern können, immer aber die Reaktion darauf und das dazugehörige Verständnis.

Unser göttliches Herz gibt diesen kleinen negativen Energien keine Nahrung, der Verstand jedoch schon. Sobald Sie einmal Ihr Herz geöffnet und Verbindung zum Göttlichen aufgenommen haben, wissen Sie, dass Sie Teil eines größeren Ganzen sind. Ihr Leben hat einen Sinn und ist aus der Sicht dieses großen Ganzen wertvoll. Wenn Sie das wissen, erzeugt der Verstand jene Einzelheiten und Geschichten, die Ihnen helfen werden, die zurückliegenden Ereignisse auf liebevolle und hilfreiche Weise zu interpretieren, zu verstehen und einzuordnen.

Die physische Ebene

Ein Blick in die Akasha-Chronik kann uns auch zeigen, warum wir bestimmte körperliche Krankheiten und Beschwerden manifestiert haben. Sie wurden in uns oder anderen erschaffen, um uns zum Handeln zu bewegen. Sobald wir einmal wissen, warum die betreffende Krankheit sich in unserem Körper manifestiert hat, können wir an ihrer Heilung arbeiten und sie schneller wieder loslassen.

Oft kommt es vor, dass wir uns mit Verletzungen aus früheren Leben neu inkarnieren. Viele meiner Klienten erzählen mir von ihren Nacken- oder Rückenschmerzen. Wenn wir dann in die Welt von Akasha reisen, entdecken wir häufig, dass ein Schwert oder eine Axt eigentlicher Auslöser dieser Schmerzen war. Der betroffene Körperteil bewahrt auf der Zellebene noch immer die Erinnerung daran, sodass wir die Auswirkungen in diesem Leben nach wie vor spüren. Eine Sitzung kann dazu beitragen, diese Erinnerung behutsam zu löschen, sodass der physische Körper heilen kann. Wer in der Wahrheit lebt, dessen Körper gedeiht.

Wenn aber das Unterbewusstsein ignoriert oder sogar zum Schweigen gebracht wird, dann besitzt der Körper keine Stimme mehr und wird sich möglicherweise entscheiden, Symptome auszubilden. Ich finde Louise Hays Buch *Heile deinen Körper*[1] sehr hilfreich für diese Arbeit. Positive Absichten und Affirmationen unterstützen den Heilungsprozess.

---

[1] Louise Hay: *Heile deinen Körper. Seelisch-geistige Gründe für körperliche Krankheit und ein ganzheitlicher Weg, sie zu überwinden.* Lüchow, Bielefeld 2009

Wenn all diese genannten Aspekte im Gleichgewicht sind, machen wir bemerkenswerte Fortschritte und ziehen Erstaunliches in unser Leben. Ich habe zudem erkannt, dass in der Akasha-Chronik wunderbare Inspirationen zu finden sind. Nicht wenige meiner Klienten sind Schriftsteller – einige davon sind noch unbekannt, andere bereits etabliert und manche sogar berühmt und auf der Bestsellerliste der *New York Times* vertreten. Wenn ich sie mit auf eine Akasha-Reise genommen habe, kehren sie danach häufig mit neuen Ideen oder einem Konzept für eine Geschichte oder einen bestimmten Charakter zurück.

Einmal begleitete ich eine junge Schriftstellerin, die mir viele Fragen über meine Arbeit und die Akasha-Chronik stellte und darüber, wie sie ihre Leidenschaft erwecken könne. Wir sprachen über ihre Ängste vor dem Schreiben und verschiedene damit zusammenhängende Themen. Plötzlich hielt ich inne und bat sie, sich auf ihr Herz zu konzentrieren. Sie hatte schon viel an ihrer Seelenbestimmung gearbeitet und war daher schon in gutem Kontakt mit der geistigen Welt. Meiner Meinung nach war sie bereit, Informationen aus anderen spirituellen Dimensionen zu empfangen.

Ich öffnete für sie das Gartenheiligtum (eine meditative Übung, die Sie später noch genauer kennenlernen werden) und bat sie, den Sachverhalt von einem anderen Leben aus zu betrachten. »Byron« war der Schlüsselbegriff und der Name, den sie von dieser Reise mit zurückbrachte. Ich führte sie wieder in diese Realität zurück, da ich dachte, dies sei bereits die Botschaft. Wir unterhielten uns eine Weile über die Werke von Byron und darüber, wie dieser Energiefluss ihr wohl helfen könnte. Die Welt von Akasha kann uns erstaunlicherweise in Kontakt mit Mentoren und Lehrern bringen, und diese göttlichen Verbindungen können äußerst kreative und inspirierende Früchte tragen – so auch in diesem Fall.

Häufig werde ich gefragt, woran ich erkenne, ob es sich wirklich um eine ätherische Form der Kommunikation handelt oder ob nur das Ego der Person spricht. Nach meiner Erfahrung kann man eine Veränderung der Energie im Raum spüren, wenn es sich um jene besondere Form der Kommunikation handelt. Oft verändern sich auch Stimme und Gesicht. Die Informationen werden stets in einer hochfrequenten Sprache übermittelt; die Botschaft ist immer eine der Liebe und des Friedens.

Eine Klientin hatte eine erstaunliche, sehr inspirierende Sitzung mit mir und ließ mich im Nachhinein an ihren Gedanken und Gefühlen teilhaben:

Angelas Bericht

Also, ich muss sagen, unsere Sitzung am Sonntag ist mir nicht mehr aus dem Sinn gegangen. Ich war ziemlich sprachlos, weil sie so überaus erstaunliche Dinge zutage gefördert und eine so starke Wirkung auf mich gehabt hat. Es wird mir sicher helfen, etwas darüber zu schreiben, damit ich das Erlebte besser sortieren und einordnen kann.

Da ich nicht viel über die Arbeit mit der Akasha-Chronik wusste, war ich mir nicht sicher, ob sie mir überhaupt etwas bringen würde. Umso erstaunter war ich, als ich merkte, wie viel sie bewirkt hatte.

Die Sitzung hat mir rundum richtig gut gefallen. Die Visualisierung, bei der du mich angeleitet hast, war wunderbar und hat zwei Türen geöffnet: eine zur Matrix und die andere zur Akasha-Chronik. Besonders hat mir die Bedeutung der Schmetterlinge und der bunten Blumen gefallen, die später in der Sitzung und ganz am Schluss wieder auftauchten. Da ich absolut nichts über die Matrix und die goldene Straße wusste, war es beruhigend zu sehen, dass du die Orte, an die ich gegangen bin, wiedererkennen und meine Geschichte in einen größeren Zusammenhang stellen konntest. So bekam das Erlebte eine ganz praktische Bedeutung für mich.

Tatsächlich war es, als ob du jeden Teil meiner Reise kanntest und erkanntest – nicht nur visuell, sondern auch metaphysisch, mental, spirituell und emotional. Und das selbst dann, wenn ich Dinge erlebte, die sehr vielschichtig waren. Es schien, als ob du dir meiner Erlebnisse voll bewusst wärst. Häufig hast du gespürt, was ich selbst gefühlt habe, aber nicht in Worte fassen konnte.

Dadurch habe ich mich sicher und unterstützt gefühlt. Ich habe erkannt, dass dies ein Weg ist, der keineswegs einzigartig ist, sondern von vielen gegangen wird. Dadurch wurde ich an das Universelle unseres Menschseins erinnert. Sicher, wir haben unsere individuellen Erfahrungen, aber alles geschieht innerhalb derselben Matrix des Seins. Für mich war das sehr berührend.

Die Wissenschaftlerin in mir fand diese Reise zudem sehr aufregend und interessant. Es war wie eine Reise in die metaphysische Anatomie universeller Strukturen, über die ich zwar gelesen, die ich aber nie selbst erlebt hatte. Wenn das Erlebte zu komplex wurde, konnte ich keine Worte dafür finden, aber du warst immer in der Lage, es vollständig und sehr genau auf den Punkt zu bringen. Auf diese Weise konnte ich meine Erfahrung besser einordnen.

Du warst sehr einfühlsam, denn obwohl du mich geführt hast, war ich es doch, die sich einen Weg bahnte und den Dingen einen Sinn gab. Du hast mir immer dann angemessen zur Seite gestanden, wenn ich es brauchte. Ich war sehr überrascht, als ich spürte, wie die Schwingungsfrequenz der Energie während der Sitzung zunahm. Ich hatte das Gefühl, dass eine sehr große Energiequelle angezapft wurde, damit mir alles bewusster werden und ich das Erlebte besser verstehen konnte.

Übung

Nehmen Sie sich nun bitte ein Blatt Papier und einen Stift und schreiben Sie:

Ich bin in Sicherheit.
Ich bin mit der universellen Quelle verbunden.
Ich trage alle Informationen in mir.

Schreiben Sie dann die folgenden Kategorien auf:
- Früheres Leben
- Leben zwischen den Leben
- Gegenwärtiges Leben
- Zukünftiges Leben

Formulieren Sie nun in jeder Kategorie eine Frage zu etwas, was Sie wissen möchten. Der Sinn dieser Übung liegt darin, die Kommunikationskanäle zu öffnen und ein bisschen warm damit zu werden.

Mit den Fragen formulieren Sie zudem Ihre Absicht und richten Ihren Fokus auf die Informationen, die Sie später empfangen werden, wenn Sie sich mit den Meditationen befassen.

Stellen Sie sich nun bitte einmal die folgenden Fragen:
- Warum möchte ich mit der Akasha-Chronik arbeiten?
- Was möchte ich über die oben notierten Bereiche meiner Seelendatenbank wissen?

Schreiben Sie sich Ihre Antworten, Gedanken oder weitere Fragen auf. Machen Sie sich keine Gedanken über die Antworten, denn einige werden Sie überraschen, andere werden Ihnen zu mehr Klarheit verhelfen oder Sie vielleicht erst mal etwas verwirren. Haben Sie einfach Vertrauen zu sich selbst und öffnen Sie die Tür zu Ihrem Herzen.

Wohin führt die Akasha-Reise?

Stellen Sie sich vor, wie es ist, auf der Erde zu stehen, das Gras zu berühren, den Wind zu spüren und die Sonne zu sehen. Genau das nennt man die dritte Dimension. Diese Dimension ist zugleich unsere erste Bewusstseinsstufe und unser erster Bezugspunkt.

Dahinter werden die Schleier der Dimensionen auf der energetischen Ebene dünner und feiner. Auch in der vierten Dimension bewegen sich die Dinge um uns herum, aber die visuellen Eindrücke sind schwächer. Um dort sehen zu können, brauchen wir die Gabe der Hellsichtigkeit. Diese weiteren Dimensionen steigern sich dann in Schwingungsfrequenz und Reinheit. Die Engel, so glaube ich, leben zwischen der vierten und der fünften Dimension.

Wenn man sich dieser anderen Dimensionen bewusster wird und in der Welt von Akasha arbeitet, nimmt man selbst gewisse Merkmale dieser Sphären an. So reagiert man etwa sensibler auf Alltagsgifte und Schwingungen, die einen weder nähren noch uns dienen.

Die Welt von Akasha ist eine Welt zwischen den Welten. Hier werden alle Aufzeichnungen aufbewahrt. Wir finden auf energetischem Wege oder über die elektrischen Netzgitter, die das Universum wie eine Matrix umhüllen, Zugang zu ihr.

Stellen Sie sich die Erdkugel vielleicht einfach einmal vor und visualisieren Sie, dass sie in ein goldenes Netzgitter gehüllt ist. Jeder Kreuzungspunkt dieses Gitters ist ein Punkt, den Sie mit Ihrem Unterbewusstsein aufsuchen können.

Als ich einmal mit einem Universitätsdozenten arbeitete, der an seiner Dissertation schrieb, erforschte ich diese goldene Matrix. Sein Studiengebiet war unser kulturelles Erbe und alte heilige Stätten. Es fehlte ihm an Klarheit über einen bestimmten Ort, den er besuchen und über den er schreiben wollte. Also schlug ich ihm vor, diesen Ort mit der Akasha-Methode aufzusuchen und uns so in das Energiegitter einzuklinken.

Zunächst führte ich ihn in den heiligen Raum in seinem Herzen, dann durch das Gartenheiligtum hin zu diesem uralten Ort. Auf einem großen Blatt Papier zeichnete ich die Reise für ihn auf.

Anfangs fühlte er sich einfach sehr wohl und schaute sich erst einmal in Ruhe um. Er beschrieb mir, wohin die Türen und Treppenstufen führten, die sich dort befanden. So beobachtete er auch, was dort vor sich ging. Er konnte sogar den Geruch wahrnehmen und beschrieb die Szenerie als lebendig und voller Menschen.

Schließlich stellte sich jedoch heraus, dass der Dozent selbst in einem früheren Leben einmal dort gelebt hatte. Und damals hatte er geschworen, diesen wunderschönen Teil der Erde zu beschützen und sich für ihn einzusetzen. Die Gegend, die wir auf diese Weise besuchten, lag in Nordafrika, und der Mann wurde sehr aufgeregt, als er über die dortigen Basare und die Händler sprach. Seine Augen hatte er währenddessen geschlossen, aber sein Gesicht war in ständiger Bewegung.

Wir untersuchten genauer, wie sich dieser Ort auf ihn auswirkte, warum er in solch starker Verbindung zu ihm stand, was zukünftig damit geschehen würde und welchen positiven Beitrag die besagte Dissertation dazu leisten konnte. Nach der ersten Sitzung hatten wir bereits viele Anhaltspunkte. Außerdem hatte der Dozent ein tieferes Verständnis seines Studienobjekts und umfassendes Wissen erlangt, wovon seine bisher eher theoretische Arbeit profitierte und lebendiger wurde.

Manche Klienten suchen die Akasha-Chronik auch auf, um mehr über ihren Energiekörper, die Chakras und die Aura zu erfahren.

Manche Klienten wiederum, die eine Krankheit hinter sich haben oder noch daran leiden, schauen sich mithilfe der Akasha-Chronik ihre inneren Organe und Systeme an.

In den jeweiligen Sitzungen beschreiben sie dann die Farbe des betreffenden Körperteils oder wie dieser sich anfühlt. Anschließend schicken wir Liebe in den entsprechenden Körperteil und verankern dort eine positive Affirmation. Meiner Erfahrung nach hilft das den Klienten begleitend zur schulmedizinischen Behandlung beim Arzt, weil sie sich auf diese Weise nicht nur auf den ärztlichen Rat verlassen, sondern auch selbst eine intime Kenntnis ihres Körpers gewinnen.

Hier ist etwas Größeres,
das um mich herum erschaffen wird.
Es zieht positive Energie und Licht an,
das durch mich hindurchscheint
und mich mit dem höchsten Guten verbindet.
Ich lasse meine Vergangenheit los
und heile mein gesamtes Karma.
Ich beobachte meine eigene Geschichte
und erzeuge Weisheit in meinem Herzen.
Ich befreie mich, um zu lieben.

2

Die Akasha-Therapie in der Praxis

Wann soll man beginnen?

Ihre Reise kann heute beginnen – und zwar jetzt und dort, wo Sie gerade sind. Sie müssen nichts weiter tun, als mit sich selbst einen heiligen Vertrag darüber abzuschließen, dass Sie einige Augenblicke lang Ihr Herz dem wunderbaren Universum öffnen werden und sich selbst erlauben, Klarheit über Ihr Leben zu erlangen und zu heilen.

Die folgende Affirmation hängt bei mir an der Wand, und ich benutze sie immer, wenn ich mit der Akasha-Chronik arbeite:

Ich erlaube meiner Herzensenergie und meiner Seele zu heilen,
rein zu werden und Klarheit über die früheren,
das gegenwärtige und zukünftige Leben zu erlangen.
Ich bin mit dem Universum auf wunderschöne,
glückselige und ausgewogene Weise verbunden.
Jeder Tag bringt Freude und Glück sowie Wissen,
Weisheit und Frieden in mein Leben.

Sie können natürlich auch Ihre eigene Affirmation benutzen. Denken Sie einfach an Ihre Absicht. Warum möchten Sie in der Akasha-Chronik lesen? Sie können dies alleine machen oder auch mit einem Freund oder einer Freundin. Lesen Sie sich dann einfach nacheinander gegenseitig die Meditationen vor.

Häufige Blockaden

Einschränkende Glaubensmuster und Ängste sind die wichtigsten Elemente, die Ihre Reise blockieren können. Um in das Unbekannte zu reisen und den Sprung in die Wahrheit zu wagen, sind ein offenes Herz und ein offener Geist grundlegend.

An bestimmten Stationen auf unserem spirituellen Weg stecken wir alle einmal den Kopf in den Sand. Aber jene, die nach oben schauen und nach den Sternen greifen, werden schließlich auch mit den schönsten Sonnenaufgängen des Lebens belohnt.

Wenn Sie nur rein logisch an die ganze Sache herangehen, werden Sie vermutlich keinen Zugang zur Akasha-Chronik finden. Als ich einmal mit einer Hypnotherapeutin arbeitete, sah ich ihr bei der Arbeit mit einer Klientin zu. Sie führte die Klientin zurück und sagte ihr, sie solle sich auf die hypnotischen Anweisungen konzentrieren. Plötzlich veränderte sich die Energie des Mädchens, und sie begann zu zittern. Offensichtlich hatte sie Angst.

Als sie anfing zu weinen und rief: »Es ist dunkel. Und dort bewegt sich etwas. Ich glaube, ich bin an einem ganz üblen Ort!«, versuchte meine Kollegin sie zu beruhigen.

Wir warteten noch etwas ab, da ich sehen konnte, dass sich noch eine andere Geschichte zu entwickeln begann. Ich hob meine Hand und fragte, ob ich übernehmen dürfe. Das Mädchen lag auf einem Bett und konnte weder sprechen noch einen Schritt auf dieser inneren Reise weitergehen. Ich wusste intuitiv, wenn wir sie in dieser Phase aufweckten, würde sie möglicherweise in diesem Albtraum stecken bleiben. Dank meiner Vision war ich aber absolut davon überzeugt, dass alles gut gehen würde. Ich war mir sicher, dass sie trotz allem gut beschützt war. Meine Kollegin sagte leise meinen Namen, und behutsam übernahm ich die Führung.

»Lydia, kannst du mich hören?«, flüsterte ich. »Ich bin hier, um dich zu führen«, redete ich beruhigend auf sie ein.

»Ich habe Angst. Es ist so dunkel. Ich glaube, ich bin an einem ganz schlimmen Ort«, stieß sie schluchzend hervor.

»Gut, du musst wissen, dass du dort nicht hingehörst«, versicherte ich ihr. »Aber bevor du zurückkommst, halte noch einen Augenblick lang inne und atme tief durch. Du bist in Sicherheit. Schau doch einmal auf deine Füße.«

»Sie stehen auf dunklem, schwammartigen Gras«, antwortete sie.

»Gut, und was siehst du sonst noch?«, hakte ich nach.

»Bäume, Baumstümpfe und Zweige«, antwortete sie leicht schmunzelnd.

»Wo bist du, Lydia? Atme weiter und konzentriere dich auf dein Herz. Entspanne dich«, sagte ich.

Zwischenzeitlich hatte ich alle meine Engel um sie herum versammelt und sie um Hilfe gebeten.

»Ich sehe kleine Blümchen und Dinge, die schweben«, berichtete sie. Sie lag noch immer flach auf dem Rücken. Nur ihre Lider bewegten sich. »O, das sind ja Feen und Elfen. Die leben hier«, sagte sie ganz aufgeregt.

Meine Kollegin und ich atmeten erleichtert auf und lächelten. Ich führte Lydia weiter durch das Reich der Elementarwesen, in dem sie sich befand.

Als sie aus der Hypnose erwachte und wir ihre Energie wieder fest im Hier und Jetzt verankert hatten, erzählte sie, dass sie gedacht hatte, sie wäre auf der niederen Astralebene – oder in der Hölle, wie viele es nennen würden –, gewesen. Sie hatte gedacht, sie wäre heimgegangen, und der Gedanke, dass dies ein dunkler Ort war, hatte ihr große Angst gemacht.

An jenem Tag lernten wir alle viel. Wir begriffen, dass man seiner Intuition vertrauen und die Angst hinter sich lassen muss und dass dann alles gut wird. Da wir Menschen jeden Tag unglaublich vielen Reizen ausgesetzt sind, fürchten wir uns häufig vor der Stille der Meditation. Aber in diesen Momenten verbinden wir uns wahrhaft mit dem Göttlichen in uns und um uns herum. Unsere Intuition findet dann ihre Stimme, und unser Lebensfluss wird verstärkt.

Auf der Insel Roatán, vor der Küste von Honduras, ist die Energie des Meeres und der Kristalle besonders stark und hilft den Klienten, sich zu konzentrieren und ihr Bewusstsein zu erweitern. Eine besonders begabte Frau namens Maria hatte viel Zeit auf dieser Insel verbracht und dann bei mir Erfahrungen mit der Akasha-Therapie gesammelt. Hier ihre Geschichte:

Marias Bericht

Die Akasha-Sitzung, durch die du mich geführt hast, war wirklich sehr hilfreich. Es war meine allererste Erfahrung mit der Akasha-Chronik überhaupt.

Obwohl mir das Meditieren schwerfiel, gelang es mir dank deiner Anleitung, diese einzigartige Methode für mich zu entdecken. Die Erfahrung half mir, besser zu verstehen, dass meine persönlichen geistigen Führer allgegenwärtig sind und dass jeder von ihnen eine besondere Botschaft für mich hat. Die Sitzung war sehr klar, und sie zeigte mir, wie alles im Universum miteinander verbunden ist.

Heute lerne ich zu meditieren und erreiche dabei manchmal ein Niveau, auf dem ich Zugang zu meinem Unterbewusstsein habe. Die Sitzung mit dir hat mir gezeigt, wie sehr wir mit der Gegenwart und der Vergangenheit verbunden sind. Sie hat mich außerdem meiner Seelenbestimmung nähergebracht. Wenn ich ganz still bin, gelange ich manchmal wieder an diesen Punkt. Sowohl tagsüber als auch während der Nacht sehe und deute ich die Botschaften, die aus dem Nichts aufzutauchen scheinen. Ich suche nicht bewusst nach ihnen, aber sie kommen stets zur rechten Zeit, wenn ich etwas verstehen soll. Bei Weitem nicht immer muss ich auf sie reagieren; ich brauche nur im Augenblick zu verweilen.

Die Gründe, warum ich hier bin und diese, meine Erfahrungen mache, sind mir bewusster geworden. Ganz allgemein kann man sagen, dass ich die Dinge nun in einem größeren Zusammenhang sehe. Dabei musste ich auf allen Ebenen loslassen. Ich wurde mir bewusst, dass ich zuerst gewisse Blockaden lösen musste. Sowohl deine Akasha-Therapie als auch andere Methoden haben mir dabei geholfen, das Alte loszulassen und mein Leben neu zu ordnen.

Sobald ich einmal losgelassen hatte und nicht mehr daran dachte, was als Nächstes kommen würde, geschahen die erstaunlichsten Dinge – und geschehen immer noch. Vertrauen zu haben und zu wissen, dass ich bei diesem Prozess geführt werde, war früher so schwer und ist heute so einfach. Nachdem ich meinen inneren Führern in der Sitzung mit dir begegnet war, konnte ich mich so mit ihnen verbinden – so, als ob sie ganz materiell auf diesem Planeten wären. Ich nehme immer dann Kontakt zu ihnen auf, wenn ich merke, dass ich anfange, an etwas zu stark festzuhalten.

Viele Dinge haben sich seitdem verändert. Mehrere Leute, die ich lange nicht gesehen hatte, haben mich gefragt, ob ich abgenommen hätte. – Nein, aber ich fühle mich leichter. Immerhin ist es schön, dass es ihnen auffällt. Ich fühle mich so gesegnet, in der heutigen Welt zu leben.

Sobald wir unserer Intuition wieder vertrauen und ihr Raum geben, verschwinden die Blockaden, die uns daran hindern, andere Dimensionen wahrzunehmen. Wir beginnen dann, all unsere Sinne zu gebrauchen, und finden uns in Beziehungen und Situationen wieder, die uns Freude und Glück bescheren.

Die Kreativität des Universums ist unendlich – wie auch wir.

Übung

Nehmen Sie sich etwas zum Schreiben und öffnen Sie die »Tür zu Ihrem Ego«. Notieren Sie ein paar Minuten lang völlig ungefiltert all Ihre Ängste, Sorgen und Vorbehalte. Sie können dabei auch Orakel- oder Engelkarten einsetzen, um größere Klarheit zu erlangen.

Wenn Sie damit fertig sind, fragen Sie Ihr Herz, ob all das wahr ist oder Illusion. Für viele Menschen, die sich Ihren Ängsten stellen, ist dies ein mutiger Sprung ins Ungewisse.

Atmen Sie nun einmal tief durch und sprechen Sie die folgende Affirmation:

---

*Ich heiße jede Erfahrung
als Teil meiner Entwicklung willkommen.
Ich löse mich nun
von allen negativen Glaubensmustern.
Ich löse alle Grenzen auf.
Ich bin sicher und geborgen im Fluss des Lebens.*

Setzen Sie diese Affirmation immer und immer wieder ein; schauen Sie sich Ihre persönlichen Blockaden an und erkennen Sie, dass diese nutzlos sind. Wenn Sie so weit sind, sie loslassen zu können, streichen Sie sie auf dem Blatt Papier durch. Zeichnen Sie ein Herz um sie herum und lassen Sie sie los.

Vertrauen und Intuition

Auch Vertrauen ist ein notwendiges Werkzeug, wenn man Klarheit erlangen möchte. Ich beginne jede Sitzung mit der folgenden positiven Intention:

*Ich vertraue mir und trage die Wahrheit
in meinem Herzen.*

Vertrauen gleicht meiner Ansicht nach einer heiligen Flamme, die uns umhüllt, uns durchströmt und mit der wir durch unsere größten Ängste gehen können, um zu lernen, uns selbst mehr zu lieben. Vertrauen ermöglicht ein Leben in Gnade und Frieden, aber unser Verstand sabotiert dies oft und hält uns in unserer Opferrolle gefangen.

Unser Bauchgefühl ist ein überlebensnotwendiger Instinkt und eine Fähigkeit, die wir im Laufe unseres Heranwachsens und im Zuge unserer Anpassung an all die sozialen Normen entweder verloren oder der gegenüber wir uns zumindest verschlossen haben.

Vertrauen in andere Menschen ist wie ein Spiegel. Wenn ich anderen nicht vertraue, bedeutet das in Wahrheit, dass ich mir selbst nicht traue. Andere Menschen können uns auf ungewöhnliche, erstaunliche oder auch schmerzhafte Weise überraschen. Nur so können wir vieles lernen und unsere eigenen Fähigkeiten erproben.

Wie verhalten wir uns, wenn ein geliebter Mensch uns betrügt oder wenn wir uns von ihm im Stich gelassen fühlen?

Enttäuschung ist eine ganz natürliche Reaktion, wenn wir durch den Dschungel des Lebens stolpern. In der schamanischen Tradition heißt es, dass für jedes Gift nur 13 Schritte entfernt ein Heilmittel verborgen liegt. Wir müssen erkennen und glauben, dass es immer möglich ist, das Gleichgewicht wiederzuerlangen. Viele Menschen haben ganze Leben damit zugebracht, nicht einmal ansatzweise daran zu glauben, dass dieses heilsame Glück auch ihnen zugänglich ist.

Aber wie kann man diesen scheinbar utopischen Zustand des Vertrauens erlangen? Die Antwort ist recht einfach: Mit einer Mischung aus Herz und Wahrhaftigkeit. Wenn unser Herz offen ist und der Verstand still, wenn wir um unsere innere Wahrheit wissen und sie aussprechen, dann stellt sich auch das Vertrauen ein – das Vertrauen in andere, in das Universum und in uns selbst.

Und schließlich entfalten sich tieferes Wissen und größere Gnade, während Sie eins mit Ihrer Umwelt werden. Die heilige Flamme des Vertrauens unterstützt Sie, führt Sie und scheint heller als die Sonne, um Vertrauen im Übermaß anzuziehen: in Sie selbst, Ihnen gegenüber und von Ihnen ausgehend.

Nehmen Sie sich einen Augenblick Zeit, um sich mit Ihrem Herzen zu verbinden. Das ist der entscheidende Teil der Arbeit mit der Welt von Akasha. So wird Ihre Intuition gestärkt und es Ihnen möglich, den Botschaften zu vertrauen, die Sie empfangen.

Sie können Ihre eigenen hellsichtigen Antennen auf das Universum und auf andere Menschen ausrichten und Ihre intuitiven Fähigkeiten entwickeln.

Übung

Schließen Sie einen Augenblick lang die Augen und denken Sie an die letzte Stunde. Wenn Sie so weit sind, öffnen Sie die Augen wieder und schreiben Sie auf, woran Sie sich erinnern.

Schreiben Sie alles auf, was Sie gesehen, gehört, gefühlt und verstanden haben und was um Sie herum vorgegangen ist. Während Sie sich erinnern, wird Ihnen klar werden, welches Ihr wichtigster, zweitwichtigster, dritt- und viertwichtigster Sinn ist.

• Über welches Sinnesorgan haben Sie die meisten Informationen erhalten?

• Welchen Informationen vertrauen Sie, weil sie sich stimmig anfühlen?

Diese Übung soll Ihnen helfen zu erforschen, welcher Ihrer Sinne dominant ist. Sie soll Ihnen zudem Vertrauen in die Akasha-Meditationen geben. Sie wissen, dass die Erfahrungen der letzten Stunde real sind. Also vertrauen Sie diesen Informationen. Je mehr Sie mit der Akasha-Chronik arbeiten, desto mehr werden Sie Ihre Intuition ausbauen und die Wahrheit erkennen.

Einen geschützten, heiligen Raum erschaffen

Es ist sehr wichtig, einen heiligen Raum zu erschaffen, damit Ihre ganze Schwingung und Energie zur Ruhe kommen kann und Sie für Ihre Reise bereit sind.

Ein geschützter, heiliger Raum bedeutet Sicherheit und ermöglicht es Ihnen, Verantwortung für Ihre Reise zu übernehmen. Wenn Sie den Raum, in dem Sie arbeiten, mit göttlichem Licht und göttlicher Liebe erfüllen, werden Sie von einer großen Schutzhülle umgeben sein. Diese Hülle fungiert als Filter, der hohe Energien durchlässt, aber alles Negative und das, was Ihnen nicht förderlich ist, von Ihnen fernhält.

Es ist sehr wichtig, immer einen geheiligten Raum zu erschaffen, wenn Sie allein oder gemeinsam mit anderen eine Akasha-Sitzung durchführen. Es gibt gewisse Schlüsselelemente, die die Energie und Schwingung um Sie herum klären und heilen können. Dieser heilige Raum kann Ihnen während der Sitzung Schutz bieten und Sie auf ein höheres Schwingungsniveau heben, auf dem Sie Botschaften empfangen und sich mit diesen feinstofflichen Ebenen mehr und mehr verbinden können.

Im Folgenden führe ich einige Schlüsselelemente auf, die bei meiner Arbeit nicht fehlen dürfen:
- **Kerzen** verbrennen jegliche negative Energie und stabilisieren das Lichte um Sie herum.
- **Dezente Beleuchtung:** Das Licht zu dimmen ermöglicht dem Dritten Auge, sich besser zu konzentrieren und über die dreidimensionale Welt hinaus in den hellsichtigen Raum zu blicken.

- **Musik** von einem Klangheiler ist fantastisch dazu geeignet, Ihrer Gehirnwellenaktivität zu einem ruhigen, traumartigen Zustand zu verhelfen. (Hören Sie diese Musik daher niemals beim Autofahren oder während der Arbeit!) Es gibt einige wunderbare Webseiten, auf denen Sie Klänge herunterladen können, die mit Ihnen harmonieren.
- **Wasser zum Trinken oder ein Zimmerbrunnen** fördern den Fluss und die Reinheit. Wenn ich in der Nähe des Meeres arbeite, kommen Bilder mühelos zu mir. Die Meereswellen tragen die Informationen behutsam zu uns. Und wenn wir sie wieder loslassen, zieht es sie direkt zum Meeresboden und zur Göttin Gaia, die die negativen Kräfte in neutrale umwandelt. Auch Bilder von Wasser erfüllen diese Funktion, besonders Bilder von Wasserfällen sind dazu sehr geeignet.
- **Die vier Himmelsrichtungen** werden häufig in uralten oder indigenen Zeremonien bemüht. Sie können Kristalle in die Zimmerecken stellen oder einen Engel bitten, die Energie des Raumes aufrechtzuerhalten. Bevor Sie beginnen, können Sie die Führer aus den vier Richtungen der Welt begrüßen und sie um Unterstützung und Anleitung bitten.
- **Klangschalen und Glöckchen** lassen Klänge ertönen, die die Energie um uns herum reinigen. Ihr Klang signalisiert den Anfang oder das Ende einer Sitzung. Es ist wichtig, jede Sitzung in einer respektvollen Haltung gegenüber der Welt von Akasha zu beginnen und sie ebenso ehrenvoll zu beenden. Der hohe Ton eines Glöckchens kann die Verbindung behutsam unterbrechen und Ihnen helfen, sich wieder zu erden.
- **Wärme und Behaglichkeit** sind stets notwendig. Wir sind geistige Wesen, die irdische Erfahrungen machen. Auf meinen heiligen Reisen achte ich immer besonders auf andere, die sich außerhalb ihres Körpers befinden. Diese Seelen-

reisen sind zwar in der Gruppe sicher, aber wenn wir in unseren Alltag zurückkehren, kann uns eine solche Erfahrung verwirren und uns ängstigen. Daher sollten Sie immer einen sicheren Raum schaffen und eine Affirmation gebrauchen, die Sie wieder gut erdet und Sie in die Gegenwart zurückbringt.

Um einen geschützten, heiligen Raum im Außen zu erschaffen, müssen wir ihn zuerst im Innern aufbauen. Was wir in uns erschaffen, wird in unserer Außenwelt gespiegelt und dort angezogen.

Achten Sie Ihren Körper und kümmern Sie sich regelmäßig um Ihre Energie. Die Arbeit mit der Akasha-Chronik wirkt auf einer so tiefen Ebene, dass sich Ihr Körper nach einer Sitzung erst einmal erholen muss.

Wasser und Kräutertees können ebenso wie Massagen und Salzwasserbäder Gifte aus dem Körper schwemmen. Spaziergänge in der Natur sind besonders gut dazu geeignet, den Kopf freizubekommen und die geistigen »Spinnweben« zu beseitigen. Außerdem hilft Ihnen die körperliche Bewegung, sich mit ihrer Energie zu verbinden und mehr im Fluss zu sein.

Nach einer Akasha-Sitzung sollten Sie etwas essen, das Sie wieder erdet und Ihren Körper bei der Regeneration unterstützt. Als ich in Ägypten war, fand ich heraus, dass nach einer Sitzung Tee, Kartoffelgerichte, Brot, Nüsse und Suppen besonders unterstützend wirken. Heiße Schokolade oder Kakaogetränke sind ausgezeichnet geeignet, um die Seele zu beruhigen und den Geist zu nähren. Zwar werden Sie während einer Akasha-Sitzung keine Kalorien im eigentlichen Sinne verbrennen, aber Sie verbrauchen trotzdem Energie.

Daher sind Früchte oder ein bisschen Zucker durchaus hilfreich. Hören Sie auf Ihren Körper und finden Sie heraus, was er braucht.

Historische Gestalten

Viele Sitzungen werden Sie an historische Orte oder heilige Stätten führen. Das kann verwirrend sein, weil Sie sich mit den dortigen Energieflüssen verbinden oder auch in ein früheres Leben eintauchen werden.

Manchmal kommen Menschen zu mir, um einfach einen Blick auf ein anderes Leben zu werfen. In der Akasha-Therapie geht es jedoch keinesfalls darum, das Ego zu stärken. Und wenn daher jemand kommt, um sich selbst als historische Gestalt, als berühmten oder berüchtigten Charakter zu sehen, ist er bei mir am falschen Ort. Sicher tauchen während einer Sitzung hin und wieder auch berühmte Persönlichkeiten auf. Aber ich bin schon zu vielen »Kleopatras« und »Napoleons« begegnet, um zu glauben, die tatsächliche Reinkarnation einer dieser beiden geschichtsträchtigen Persönlichkeiten vor mir zu haben. Oft handelt es sich dabei vielmehr um den Versuch des Unterbewusstseins, auf einen Archetypus hinzuweisen, der losgelassen, geklärt oder geheilt werden muss. Wenn also solche Personen während einer Ihrer Meditationen auftauchen, schauen Sie bitte, welche Lehre oder Botschaft sie Ihnen vermitteln möchten.

Heilige Stätten

Heilige Stätten haben ein hohes Energieniveau, mit dem Sie sich auf verschiedene Weise verbinden können. Wenn Sie einen Tempel aufsuchen, gibt es drei Möglichkeiten, wie Sie die Energie an diesem heiligen Ort erleben und für sich deuten können:

• Es kann sein, dass Sie sich an ein früheres Leben erinnern.
• Es kann sein, dass Sie eine Energie wahrnehmen, die hier gespeichert ist.
• Es kann sein, dass der Geist eines früheren Bewohners neben Ihnen wandelt.

Es ist wichtig zu erkennen, worin die Lektion besteht und was genau Sie lernen sollen. Daher sollten Sie sich nicht in der Geschichte verlieren. In der Akasha-Therapie geht es darum, die Vergangenheit zu erkennen, sie durch die Gegenwart zu klären und zu einer friedvollen, glücklichen Zukunft zu gelangen.

Wenn Sie sich mit derartigen Stätten verbinden oder sie aufsuchen, müssen Sie außerdem besonders darauf achten, welche Eindrücke Sie selbst dort hinterlassen. Beobachten Sie einfach und nehmen Sie sich vor, nur Eindrücke des Friedens und des Glücks zurückzulassen.

Öffnen Sie Ihr Herz durch Meditation

Einer der wichtigsten Teile der Akasha-Therapie besteht darin, sich im Herz zu zentrieren. Die Herz-Energie oder das Herz-Chakra ist wie ein Fenster zu Ihrer Seele und wie eine Art Filter Ihres inneren Wissens. In Ihrem Herzen bewahren Sie Ihre tiefsten Geheimnisse und Ihren strahlendsten Glanz.

Wenn ein Klient zu seiner ersten Sitzung zu mir kommt, arbeiten wir eine Weile daran, dieses heilige Herz zum Leben zu erwecken. Wir verbinden es mit dem universellen Quell. Wenn dies zum ersten Mal geschieht, ist es ein ganz erstaunliches Erlebnis, bei dem häufig die Tränen fließen, wenn sich etwas im Innern löst.

Die folgende Meditation sollte so häufig wie möglich ausgeführt werden. Nach einer gewissen Zeit wird Ihr Bewusstsein auf den Prozess eingestimmt sein. Wenn Sie dann die Worte »Gehen Sie in Ihr Herz« hören, lächeln Sie, entspannen sich und sinken in einen Zustand des Gleichgewichts, der Glückseligkeit und Schönheit hinein.

Dies ist der Schlüssel, mit dem Sie sich Ihr inneres Wissen erschließen können. Wenn Sie möchten, können Sie Tagebuch führen und alle Erfahrungen aufschreiben, die Sie bei der Arbeit mit Ihrem Herzen machen.

Die Meditation des göttlichen Herzens

Diese Meditation ist Voraussetzung für jede Akasha-Sitzung. Die Augen können offen oder geschlossen sein. Wenn Sie die Augen schließen möchten, können Sie die Meditation vorher aufzeichnen und sie abspielen oder sie sich vorlesen lassen.

Machen Sie es sich gemütlich und entspannen Sie sich.

Atmen Sie drei Mal tief in den Solarplexus ein und wieder aus.

Entspannen Sie sich noch tiefer und richten Sie Ihre Aufmerksamkeit auf Ihr Herz.

Stellen Sie sich vor, dass in Ihrem Herzen ein helles Licht brennt, das sich im ganzen Körper ausbreitet.

Sehen Sie, wie sich das Licht in den Unterleib hinein ausbreitet, die Beine hinunter in die Füße strömt und von dort aus in die Erde dringt.

Sehen Sie, wie Ihre Wurzeln aus strahlendem Licht den Kristall von Gaia erreichen und sich mit ihm verbinden.

Sehen Sie, wie der Kristall funkelt und wie das Licht durch die Wurzeln hinaufströmt und durch die Füße, die Beine und den Torso zurück in Ihr Herz fließt.

Sehen Sie, wie das Licht aus dem Herzen aufsteigt, durch den Hals in den Kopf strömt und wie eine Fontäne in den Himmel hinaufschießt und sich dort mit einem Stern verbindet.

Sehen Sie, wie das Licht wieder in Ihr Herz zurückströmt, bis sein Pulsieren im Herzen spürbar ist und das Licht wie eine Säule Himmel und Erde miteinander verbindet.

Konzentrieren Sie sich nun wieder auf Ihr Herz und lassen Sie es warm werden und erwachen.

Stellen Sie sich einen strahlenden fünfzackigen Stern im Herzen vor.

Öffnen Sie die fünf Zacken und lassen Sie die Herzenergie fließen, indem Sie sich an die glücklichsten Momente in Ihrem Leben erinnern.

Entspannen Sie sich weiter und lächeln Sie. Lassen Sie das Herz-Chakra durch die glücklichen Erinnerungen weit werden.

Senden Sie Licht und hüllen Sie den Stern darin ein.

Spüren Sie, wie die Schultern sinken, und spüren Sie den Frieden um sich herum.

Sehen Sie nun in der Mitte des Sterns eine kleine Flamme.

Lassen Sie sich in diese Flamme sinken.

Dies ist die Flamme der Umwandlung und Transformation. Sie löst alles Negative auf, läutert das Herz und schenkt Ihnen Klarheit.

Wärmen Sie sich an dieser Flamme und lächeln Sie dabei.

Schauen Sie nun nach unten und sehen Sie eine Perle – eine wunderschöne, durchscheinende, strahlende Perle.

Halten Sie die Perle in der Hand und senden Sie ihr Liebe. Ist es nicht erstaunlich, wie schön sie ist?

Dies ist Ihr Herz, Ihr göttliches Herz.

Ihre vollkommene Essenz, die geschaffen wurde, als Sie noch Sternenstaub waren.

Mit dieser Essenz können Sie sich nun verbinden und Ihre Frage stellen.

Sie sind mit der Erde und dem Universum verbunden und zentriert in Ihrem göttlichen Herzen.

Und nun: Was möchten Sie wissen?

Entspannen Sie sich einfach und lassen Sie die Augen noch etwa fünf Minuten lang geschlossen.

Warten Sie ab, was zu Ihnen kommen mag.

Kommen Sie dann durch tiefes Ein- und Ausatmen wieder gut geerdet im Hier und Jetzt an.

Wenn Sie eine Antwort bekommen haben, dann schreiben Sie sie und Ihre Erlebnisse in Ihr Tagebuch:

- Wie fühlen Sie sich?
- Womit haben Sie Kontakt aufgenommen?
- Wie geht es Ihrem Herzen?

Wer sind unsere geistigen Führer?

Wenn Sie bereits einige Bücher über andere Dimensionen und ätherische Welten gelesen haben, werden Sie wissen, dass es viele verschiedene Ebenen im Universum gibt, die alle ein unterschiedliches Energieniveau haben. Diese Energien oder Führer, wie ich sie nenne, kommen zu Ihnen, um Sie zu unterstützen. Sie nehmen Kontakt mit Ihnen auf, wenn Sie Ihren inneren heiligen Raum aufsuchen.

Oft spüre ich noch vor meinen Klienten, wie sich eine Energie nähert. Aber ich habe gelernt, mich zurückzuhalten und nur zu beobachten und zu vermitteln. Ich gestatte, dass der Kontakt entsteht. Über die Jahre hinweg habe ich viele verschiedene Energieformen beobachten können. Im Folgenden möchte ich einige der wichtigsten geistigen Führer auflisten, die während meiner Arbeit mit der Akasha-Therapie bisher zu Hilfe gekommen sind. Ich werde Ihnen auch zeigen, wie Sie sich mit ihnen verbinden können.

Engel

Jeder hat einen Schutzengel. Dieser wird uns zugeteilt, wenn sich unsere Seele auf der Erde verkörpert. Schutzengel sind unser ganzes Leben lang bei uns. Sie können sich uns aber nicht offenbaren, wenn wir sie nicht darum bitten. Ihnen ist es verboten, auf unsere irdischen Entscheidungen Einfluss zu nehmen.

Ihr Engel weiß, was vor und hinter Ihnen liegt und was um Sie herum vorgeht. Er kann sich bemerkbar machen, indem er charakteristische Dinge hinterlässt, wie zum Beispiel eine weiße Feder. Manchmal taucht auch das Wort *Engel* in einem Buch, einer Zeitschrift oder in einem Lied im Radio auf.

Die Erfahrung hat mich gelehrt, dass ich persönlich am besten durch Orakelkarten mit den Engeln kommunizieren kann. Engelkarten sind sozusagen ein persönlicher Lebensberater und wie eine direkte Telefonverbindung zu den Engeln. Sie stellen eine Frage, und wunderbare Engel wie Michael oder Gabriel erscheinen. Das zeigt Ihnen häufig bereits die Richtung an, die die Akasha-Sitzung ansteuern wird. Engelkarten können Ihnen Informationen darüber geben, was gelernt oder welcher alte Vertrag aufgelöst werden muss. Als Vermittlerin bin ich oft sehr ungeduldig. Wie sich gezeigt hat, gefällt den Engeln diese direkte Kommunikationsmöglichkeit, und sie schenken uns oft genau die nötige Klarheit, um die Sitzung zu beschleunigen.

Dies ist eine hilfreiche Affirmation, um sich mit den Engeln zu verbinden:

Das Licht der Engel ist überall um mich herum.
Ich bin sicher, gehalten und geliebt.
Meine Engelschwingen sind bereit, sich zu entfalten.

Geistführer

Viele Menschen haben indigene Führer oder Gurus, mit denen sie in früheren Leben zusammengearbeitet haben. Ich arbeite häufig mit einem Führer, der dem Klienten bereits vertraut ist. Diesen beschreibe ich dann so, wie ich ihn sehe, und der Klient kann mit ihm kommunizieren.

Geistführer fungieren als Weisheitslehrer und teilen ihr Wissen mit uns. Sie erscheinen, wenn ein Mensch bereit ist, eine neue Richtung in seinem Leben einzuschlagen, und dafür Informationen braucht.

Folgende Affirmation können Sie nutzen, um sich mit Ihren Geistführern zu verbinden:

Meine Geistführer schenken mir Weisheit und Wissen
und begleiten mich freudig auf meiner Reise.
Ich heiße sie in meinem Leben willkommen.

Freunde und Familie

Unsere lieben Freunde und Angehörige, die ins Jenseits gegangen sind, kehren häufig als Engel oder Begleiter für jene zurück, die noch auf Erden sind.

Es kommt recht häufig vor, dass während der ersten Sitzung ein verstorbener Elternteil oder Großelternteil erscheint. Das kann emotional sehr aufwühlend, aber auch sehr tröstlich sein. Vor allem geschieht es meist dann, wenn sich jemand mit seinem gegenwärtigen Leben befassen möchte, da Angehörige manchmal gegangen sind, ohne sich angemessen zu verabschieden.

In solchen Fällen unterstützt dieser Teil der Sitzung den Trauerprozess ganz entscheidend. Dem Klienten wird es möglich, Abschied zu nehmen und eine »Auf-Wiedersehen-Notiz« in der Akasha-Chronik zu hinterlassen.

Mithilfe der Meditation zum Garten des Heiligtums (Seite 86) ermöglichen wir es diesen Führern, sich zu zeigen. Sie werden Ihnen ein Gefühl der Sicherheit vermitteln und Ihnen gerne behilflich sein. Danach werden Sie sich niemals mehr alleine fühlen.

Im Folgenden biete ich Ihnen eine kraftvolle Affirmation an, um Verbindung mit Ihren verstorbenen Familienangehörigen und lieben Freunden aufzunehmen:

Ich bin mit meiner Familie
und meinen lieben Freunden verbunden.
Ich werde über die Generationen hinweg geliebt.
Ich heiße die Liebe und Unterstützung
meiner Familie willkommen.

Aufgestiegene Meister

Es gibt Wesen mit sehr hoch entwickeltem Bewusstsein, die wir als Meister bezeichnen. Guanyin, Buddha und Jesus erscheinen häufig in den Sitzungen, in denen es um zukünftige Leben geht. Dabei zeigen sie der Seele, was sie in kommenden Existenzen zu lernen hat. Sie erscheinen auch in den Akasha-Aschrams, die wir im Leben zwischen den Leben besuchen können und die Schulen gleichen.

Viele Klienten arbeiten an Leben, die mit der Zeit Jesu zu tun haben. 2008 sah ich – wohin ich auch schaute – Bilder von Mutter Maria. Gegen Ende der Reise nach Ägypten, die wir im März jenes Jahres unternahmen, verspürte ich den Drang, das koptische Viertel in Kairo aufzusuchen. Bisher hatte sich die Reise völlig auf das alte Ägypten konzentriert. Ich wollte die Gruppe nicht verwirren, indem ich noch ein anderes Thema mit ins Spiel brachte, aber ich war unumstößlich davon überzeugt, dass an diesem Ort eine wichtige Entdeckung auf mich wartete.

Aus früheren Nachforschungen wusste ich zwar, dass Maria irgendetwas mit diesem Ort zu tun hatte, aber ich hatte keine Ahnung, was genau. Also erzählte ich einigen Frauen, dass ich dorthin wollte und dass für den nächsten Morgen ein Taxi bestellt war. Ich hatte vor, das Viertel zu besuchen und noch vor dem Mittagessen zurück zu sein, damit ich die tägliche Gruppensitzung wie gewohnt leiten konnte.

Am Morgen darauf warteten bereits drei der Frauen in der Lobby auf mich. Wir gingen gemeinsam zum Taxi, das sich als alte, verbeulte, schwarz-weiße Limousine entpuppte. Aber es hatte vier Räder, einen Motor und einen Fahrer, der uns zur Begrüßung herzlich zulächelte. Wir erreichten dieses alte Viertel, als es gerade erwachte – überall rannten Hühner herum, und es brodelte förmlich vor Leben. Uns kam es vor, als seien wir in eine frühere Zeit versetzt worden. Wir ließen uns zu den verschiedenen Kirchen führen und staunten, wie viele Konfessionen auf so kleinem Raum zusammenlebten.

Still gingen wir durch die Moscheen, Synagogen und christlichen Kirchen.

Wir nahmen unsere Schleier ab und legten sie wieder an und kauften massenweise Rosenkränze und Ansichtskarten. Plötzlich jedoch ließ uns etwas innehalten, das unseren Blick auf eine kleine Kirche lenkte.

»Können wir für einen Moment anhalten?«, fragte eine der Frauen, und wir blieben stehen.

Wie ganz normale Touristinnen lehnten wir uns gegen die Mauern des Gebäudes.

Eine flüsterte: »Ich kann Maria fühlen.«

Tatsächlich wehte eine sanfte Brise, und jede Einzelne von uns hatte das Gefühl, auf wunderbare und sehr sanfte Weise Heilung zu erfahren. Wir alle spürten, dass Maria künftig immer an unserer Seite und für uns da sein würde, wenn wir ihren Rat brauchen sollten. Wir sprachen ein paar Gebete und segneten die Kirche und diesen Ort für sein Licht.

Dann raste der Taxifahrer mit einem Affenzahn mit uns zurück zum Hotel in Giseh, wo die Gruppe schon auf uns wartete.

Nachdem wir dort angekommen waren, schaltete ich sofort meinen Computer ein. Was genau verband Maria mit diesem besonderen Ort? Und warum war diese Verbindung so stark? Über die Google-Suche entdeckte ich die Kirche, zu der wir uns fast magisch hingezogen gefühlt hatten. In ihr hatten Maria, Josef und Jesus der Überlieferung nach Zuflucht gesucht, nachdem sie Bethlehem hatten verlassen müssen, wo Herodes zu dieser Zeit seine karmische Mission ausführte.

Und welcher Tag war? Nun, wir hatten gar nicht darauf geachtet, aber es war Karfreitag.

Meister des Lichts sind große Lehrer und Botschafter der Heilung. Sie müssen Sie nur anrufen, um ihre Gaben auch in Ihr Leben zu bringen.

An dieser Stelle gebe ich Ihnen eine Affirmation, mit der Sie sich mit den aufgestiegenen Meistern verbinden können:

Ich trage die unbegrenzte Macht des Universums in mir.
Mein Höheres Selbst leitet mich auf dem Weg zum Guten.
Ich harmoniere mit den großen göttlichen Wesen.
Ich heiße ihre Weisheit
mit meinem ganzen Sein willkommen.

Lichtwesen von anderen Planeten

Je mehr sich unser Bewusstsein erweitert, desto mehr nehmen wir auch andere Welten wahr. Meine Klienten berichten häufig nach einer Sitzung, dass sie heimgekehrt seien und Botschaften aus anderen Sternensystemen mit zurückgebracht hätten. Manch einer ist dann beunruhigt, weil er das Gefühl hat, ein Sternenwesen zu sein – eine Seele, die noch mit anderen Planeten verbunden ist. Es gibt aber auch sogenannte Walk-ins, also Seelen, die einen anderen Körper mit Erlaubnis der Seele übernommen haben. Dies ist jedoch nur äußerst selten der Fall.

Die Akasha-Therapie öffnet lediglich eine Art Fenster, durch das man auch solche Sphären vorurteilsfrei erforschen kann. Häufig gibt es Resonanzen zwischen einer Seele und einem bestimmten Planeten oder Sternensystem. Das macht sich in der Sitzung durch bestimmte Worte, Symbole oder Farben bemerkbar.

Im Folgenden nun eine Affirmation, mit der auch Sie sich mit Lichtwesen, anderen Planeten und Sternensystemen verbinden können, wenn Sie mögen:

Ich bin Teil der goldenen kosmischen Matrix.
Ich bin die Energie des Lichtes.
Ich stelle die Verbindung leicht und anmutig her.
Ich befinde mich in Harmonie
mit dem mich umgebenden Universum.

Krafttiere

Land- und Wassertiere, aber auch mythologische Kreaturen erscheinen in einer Akasha-Sitzung häufig mit Botschaften und Ratschlägen. Ein solches Tier nennt man ein Totem. Die amerikanischen Ureinwohner besaßen noch großes Wissen darüber, warum ein bestimmtes Tier sich entschieden hatte, zu ihnen zu kommen und ihnen zu helfen. Sie gaben von einer Generation an die nächste weiter, welche Form von Medizin oder Weisheit diese Geschöpfe mit ihnen teilen wollten.

Gewisse Krafttiere erscheinen nur wegen einer bestimmten Heilung oder Klärung – während andere einem nicht mehr von der Seite weichen. Es ist ganz wunderbar, mit der Energie von Delfinen und Walen zu arbeiten.

Die folgende Affirmation hilft Ihnen dabei, sich mit Ihren persönlichen Krafttieren zu verbinden:

Ich bin eins mit der Natur.
Ich ehre sämtliche Geschöpfe aller Dimensionen.
Ich verstehe die Botschaften, die sie überbringen.

Farben

Während einer Sitzung frage ich meine Klienten häufig, welche Farbe die Blumen um sie herum haben oder welche Farbe die Kleidung hat, die sie tragen. In der Meditation weisen die Blumen, die man sieht, auf das Chakra hin, in dem das Problem steckt. Die Farben der Schmetterlinge geben Hinweise über das Chakra, das sich durch die Akasha-Therapie transformieren wird. Wenn Sie sich nicht sicher sind, wo ein bestimmter Farbton anzusiedeln ist, nehmen Sie eine Farbpalette zur Hand. Häufig geht Rosa in Rot über und Türkis in Blau.

Farben tauchen sowohl in Sitzungen zu früheren Leben, aber auch zu gegenwärtigen oder kommenden Existenzen auf. Meiner Erfahrung nach spielen Farben im Leben zwischen den Leben keine Rolle. Diese erscheinen dann nämlich meist eher in neutralen Schwarz-, Weiß- oder Grautönen mit subtilen Schattierungen.

Hier nun eine Tabelle zu den Farben, den dazugehörigen Chakras und ihren Bedeutungen:

Farbe	Chakra	Bedeutung
Rot	Basis-/Wurzel-Chakra (Perineum, auf der Höhe des Steißbeins)	Sexualität, Sicherheit, Besitz, Fixierungen, Schutz, Verbindung zur Erde
Orange	Sakral-Chakra (Fortpflanzungs- organe, Unterbauch)	Beziehungen, Süchte, Interaktion, weibliche Energie
Gelb	Solarplexus-Chakra (Magen)	Macht, Angst, Selbsterkenntnis, Zielgerichtetheit, männliche Energie, Intellekt
Grün	Herz-Chakra (Brustbereich)	Leidenschaft, Zärtlichkeit, Energie des inneren Kindes, Frieden, Harmonie
Blau	Hals-Chakra (Kehlkopf)	Selbstausdruck, Wille, Kommunikation, Träume, Ruhe, Kreativität
Indigo	Stirn-Chakra (Drittes Auge, zwischen den Augenbrauen)	Niedere und höhere Schwingungen im Gleich- gewicht, Sinne, Hellsichtig- keit, Intuition, Inspiration, Klarheit
Violett	Kronen-Chakra (Scheitel)	Einheit, (Hell-)Wissen, transzendente Energie, Weisheit, Verbindung mit dem Universum, spirituelles Wachstum

Farbe	Chakra	Bedeutung
Weiß	Der Raum über dem Kopf, der mit dem Seelenstern in Verbindung steht	Dies ist der Seelenstern, der Filter, in dem sich das geistige Wissen, die Schlüssel und Codes so lange befinden, bis Sie bereit sind, diese zu empfangen. Senden Sie diesem Bereich über dem Kopf Dankbarkeit, Affirmationen und Energie und sehen Sie, wie ein Schauer reinen Lichtregens über Sie hinabrieselt.

Die Meditation zum Garten des Heiligtums

Wir werden nun mit der Gartenheiligtum-Meditation arbeiten, um einigen Ihrer geistigen Führer zu begegnen.

Setzen Sie sich mit einem Stift, einem Blatt Papier oder Ihrem Tagebuch gemütlich hin und schreiben Sie zuerst einmal die folgenden Kategorien auf:

- Engel
- Geistführer
- liebe Freunde und Angehörige
- aufgestiegene Meister
- Lichtwesen
- Krafttiere

Entscheiden Sie sich für eine Gruppe oder überlassen Sie alles dem »Zufall«.

Entspannen Sie sich.

Sobald Sie sich wohlfühlen und Ihr Herz offen ist, werden Sie ein Strahlen um sich herum wahrnehmen.

Jetzt werden wir also mit der Meditation zum Garten des Heiligtums arbeiten:

Entspannen Sie sich und atmen Sie ruhig. Richten Sie die Aufmerksamkeit auf Ihr Herz.

Erlauben Sie dem Licht Ihres Herzens, sich mit der Erdmitte zu verbinden.

Erlauben Sie diesem Licht dann, durch die Chakras wieder aufzusteigen.

Stellen Sie sich vor, Sie wären in dem wunderschönen Garten eines Heiligtums.

Sehen Sie das grüne Gras ...

... den blauen Himmel.

Die Sonne scheint.

Sehen Sie die Blumen.

Beobachten Sie die Schmetterlinge.

Stellen Sie sich vor, Sie säßen in einer Ecke des Gartens.

Von der anderen Seite des Gartens nähert sich Ihnen ein herrliches, strahlendes Licht.

Lassen Sie das Licht die Form annehmen, die Ihnen stimmig erscheint.

Verbringen Sie einige Zeit mit dieser wunderbaren Energie.

Wenn Sie so weit sind, kehren Sie langsam und mit einigen tiefen Atemzügen gut geerdet wieder in die Gegenwart zurück.

Schreiben Sie anschließend Ihre Erlebnisse in Ihr Tagebuch:
- Wie ging es Ihnen während der Meditation?
- Welche Farben haben Sie gesehen? (Erinnern Sie sich: Die Farbe weist auf das Chakra hin, mit dem Sie gearbeitet haben, siehe auch die Tabelle in diesem Kapitel.)
- Wem sind Sie begegnet?
- Welche Botschaften haben Sie empfangen?
- Haben Sie irgendwelche Geschenke erhalten?
- Wie fühlt sich der Bereich um Ihr Herz an?

Lassen Sie die Eindrücke dieser Begegnung nun langsam verblassen und werden Sie sich Ihrer Umgebung wieder voll bewusst. Es ist wichtig, dass Sie geerdet bleiben. Bedenken Sie immer, dass Sie hier sind, um irdische Erfahrungen zu machen. Machen Sie sich keine Sorgen, wenn Sie nicht viel gesehen haben oder wenn jemand erschienen ist, den Sie nicht erwartet haben. Vielleicht taucht er später noch einmal im Traum mit einer Botschaft für Sie auf.

In der Akasha-Therapie können so oder so viele Botschaften auftauchen, die einen sehr heilsamen Effekt auf das Leben haben. Dazu möchte ich hier exemplarisch auch den Bericht von Serena zitieren:

Serenas Bericht

Serena ist seit vielen Jahren auf dem spirituellen Weg. Sie besucht Meditations- und Heilungsgruppen und ist auch schon nach Ägypten gereist. Kürzlich hielt ich via Skype eine Sitzung mit ihr ab, um ihr Klarheit über bestimmte Botschaften ihres

Führers und des Universums zu verschaffen. Sehr behutsam widmeten wir uns zuerst einmal der Meditation des göttlichen Herzens.

Serena schloss beim Klang meiner Stimme die Augen und wir gingen zunächst in das Gartenheiligtum. Ich fragte sie nach den Farben der Schmetterlinge. Sie sagte, sie wären orangefarben. Also arbeitete sie gerade an ihrem Sakral-Bereich. Die Blumen, die sie sah, hatten rosafarbene Blüten, woraus ich schloss, dass sie meine Unterstützung fühlen müsse. Wir warteten eine Weile im Garten, bis sich ihr Führer näherte.

Ich sah dann, wie sich ihr Körper weiter entspannte, während sie sich mit ihrem geistigen Führer unterhielt und er ihr das Geschenk der »Gnade« machte. Dann gingen wir zur Tür am Ende des Gartens. Ich bat sie, die Tür mit der linken Hand zu öffnen, aber sie blieb in der Tür stehen und zögerte. Sie sagte, sie wolle ihre Energie zentrieren und sich etwas sammeln. Also bat ich sie, sich darauf zu konzentrieren. Als sie bereit war weiterzugehen, erzählte sie mir, dass sie sich auf einem Weg des Lichtes befände, auf einem goldenen Weg, von dem viele kleine goldene Wege abzweigten. Sie wisse nicht, welchen Weg sie einschlagen solle.

Ich sagte zu ihr: »Das ist perfekt. Geh einfach ein bisschen weiter. Du stehst auf der Matrix des Lichtes, auf dem universellen Netzgitter, das alle Energien miteinander verbindet. Wenn du bereit bist, wird eine Tür vor dir erscheinen.«

Und genau das geschah. Wieder bat ich sie, die Tür mit der linken Hand zu öffnen. Sie befand sich plötzlich auf einer Wiese, die von einem kleinen Wäldchen begrenzt wurde. Es kam ihr vor wie auf der Erde, aber aus irgendeinem Grund war sie unruhig. Sie suchte nach etwas oder jemandem. Ich war mir bewusst darüber, dass das, was sie suchte, im Wäldchen sein müsste. Es fühlte sich an wie ein Tier, wie ein Hund.

Also bat ich sie, sich zu setzen und zu warten, bis sich das Tier zeigen würde.

Dann sagte sie: »Es ist ein Wolf, ein richtig großer Wolf.«

Ich fragte: »Was tut er?«

»Er trägt etwas im Maul.« Ihre Stimme begann zu zittern.

»Es ist ein kleines Kind«, sagte ich.

»Ja, es ist mein Baby«, antwortete sie.

»Ist dein Baby gestorben?«, fragte ich wieder.

»Ja«, wimmerte sie.

»Lass uns den Wolf einfach beobachten und ganz ruhig bleiben.«

Dann stellte ich eine seltsame Frage. Ich fragte sie, was ihr innerer Konflikt sei. Ich sah nämlich ihre Liebe für das Kind, aber auch für den Wolf. Sie hatte großes Mitgefühl mit beiden.

Ich führte sie, sodass sie sehen konnte, wie die Seele des Babys auf sie zukam. Die Seele war ein wunderschönes, strahlend helles Licht, das kicherte und zu Späßen aufgelegt war. Serena hielt die Energie fest an sich gedrückt, bevor wir sie dem universellen Licht überantworteten. Bevor die Seele sie verließ, sagte sie ihr noch, dass sie auf der Suche nach neuen Abenteuern sei und dass es an der Zeit gewesen sei zu gehen. Wir sahen zu, wie die Schmetterlinge mit der kleinen Seele davonflatterten.

Ich lenkte Serenas Fokus wieder auf den Wolf und sagte, sie solle ihn nach seiner Botschaft fragen. Diese war ganz einfach und lautete: »So ist das Leben, so ist die Natur, es ist nichts Persönliches.« Serena schloss Frieden mit dem Wolf, und wir machten uns auf den Heimweg.

Das war eine sehr interessante Sitzung, denn als wir gerade zurückgehen wollten und sie durch die Tür gehen und sie mit der rechten Hand schließen und versiegeln sollte, brach die Skype-Verbindung ab. Na gut, dachte ich, alles ist in perfekter Ordnung.

Ich tippte einige Befehle ein und wartete. Nach ein paar Minuten stand die Verbindung wieder.

Serena sagte mir, dass sie gewartet, die Engel angerufen und sich Affirmationen überlegt habe. Alles war in perfekter Ordnung. Ich ging dann schnell mit ihr durch die nächste Tür, schloss sie mit der rechten Hand, und wir verließen den Garten. Wir dankten dem Führer, der auf uns gewartet hatte, und kehrten dann in den dreidimensionalen Raum zurück, wobei wir die goldenen Schnüre oben und unten lösten.

Serena war entzückt, denn sie hatte die Erinnerung an die verlorene Babyseele schon eine Weile mit sich herumgeschleppt, war aber nicht in der Lage gewesen, sich der Botschaft zu öffnen und sie anzunehmen. Nun war sie sehr froh, dass sie Klarheit über das Wesen der Natur erhalten hatte und dass ihre Fragen in Bezug auf das Leben beantwortet worden waren.

Ich lernte für mich daraus, dass es zwar sinnvoll ist, diesen Raum für jemanden zu schaffen, aber mit ein paar einfachen Anweisungen und guten Absichten kann man die Akasha-Therapie auch für sich selbst durchführen. Dabei muss es sich nicht immer um ein vollständiges außerkörperliches Erlebnis handeln. Informationen können auch in den ruhigen meditativen Momenten des täglichen Lebens gesammelt werden.

Energiebahnen und heilige Verträge

Wenn wir einen Augenblick innehalten und uns vorstellen, wie viel Energie um uns herum fließt und wie sehr wir mit diesem Fluss verbunden sind, dann verbinden wir uns bereits dadurch mit allem und jedem. Das gilt auch für Verträge, die auf der Seelenebene abgeschlossen werden, und für die Energienetze, die uns alle miteinander verbunden halten. Manche dieser Bindungen können wir sehen oder fühlen, andere hingegen nicht.

Stellen Sie sich vor, dass durch jede Begegnung mit einem anderen Menschen ein sehr feines Band geknüpft wird. Im Lauf der Zeit verdichten sich diese Bänder, bis sie aussehen wie dicke Energierohre. Deshalb bereitet es uns oft auch so große Schwierigkeiten, uns aus einer Beziehung zu lösen bzw. einen Wohnort oder eine Arbeitsstelle aufzugeben.

Wir schließen immer wieder heilige Verträge mit anderen Seelen, die oft nicht erfüllt sind, wenn das Leben endet. In diesem Leben können Sie immer noch an Ehe-, Beziehungs- oder berufliche Verträge aus vielen anderen Existenzen gebunden sein. Im Rahmen der Akasha-Therapie werden diese Verträge in Form von Netzen, Bändern und Schnüren sichtbar. Einige von ihnen sind gesund, andere nicht. Gewisse Bänder und Schnüre erwürgen uns geradezu und entziehen uns Energie und Lebenskraft.

Gewisse Lehrer sagen, man solle die Schnüre abrupt durchtrennen. Aber ich habe festgestellt, dass sie sich danach aufs Neue mit uns verbinden und dann sogar noch mehr negative Energie in sich tragen als zuvor. Negative Anhaftungen können nur durch Liebe, Vergebung und Mitgefühl aufgelöst werden.

Ein großer Teil der Akasha-Therapie befasst sich mit der Auflösung dieser Energien und heiliger Verträge. Viele haben in anderen Leben heilige Verträge abgeschlossen, die nun ihren spirituellen Fortschritt behindern. Ein Großteil dieser Verträge kam zustande, als Menschen noch nicht wegen ihrer spirituellen Überzeugungen oder Gaben verfolgt wurden. Das ist wahrscheinlich auch bei Ihnen der Fall gewesen, falls es Ihnen schwerfällt, mit dem Herzen zu arbeiten, zu meditieren oder die Liebe in Ihr Leben zu lassen.

Befreien Sie sich mithilfe der folgenden Affirmation. Sagen Sie sie drei Mal laut auf, wenn Sie das Gefühl haben, mit den Meditationen nicht weiterzukommen:

Ich löse alle Verträge auf, die ich in Raum und Zeit
geschlossen habe und die mir nicht länger dienen.
Ich befreie mich von allen Bindungen,
die meine spirituelle Entwicklung behindern.
Ich nehme die Liebe, das Licht und die Weisheit,
die mich umgeben, in mich auf.
Ich segne mich und vergebe meinem Verstand.
Ich bin frei, um neue heilige Verträge der Freude,
des Friedens und des Glücks zu schließen.

An dieser Stelle möchte ich den Bericht einer bemerkenswerten Frau mit Ihnen teilen, einer Frau, die sich mit ihrer Beziehung in einer Zwickmühle befand, was auf starke Verwirrungen zwischen ihrem gegenwärtigen und ihren vergangenen Leben zurückzuführen war. Aber lesen Sie selbst:

Shannons Bericht

Ich begegnete Amanda zuerst im Mai 2006 auf Bali. Eine Freundin hatte mir von ihren erstaunlichen Fähigkeiten als Heilerin berichtet. Nachdem ich sie persönlich kennengelernt hatte, merkte ich schnell, dass sie so viel mehr als eine Heilerin ist. Sie ist eine scharfsinnige Intuitive, eine geduldige Lehrerin, eine großartige Zuhörerin und ein sehr machtvoller Katalysator für Veränderungen. Das Thema Veränderung war es dann auch gewesen, das uns zusammengeführt hat. Zum Zeitpunkt unserer ersten Begegnung war ich nämlich dabei, mich von meinem geliebten Ehemann und Geschäftspartner zu trennen, mit dem ich acht Jahre zusammen gewesen war.

Dachte ich zumindest ...

In den geführten Meditationssitzungen und während der tief gehenden Gespräche mit Amanda, die mich unweigerlich mit der Frage »Wovor hast du Angst?« konfrontierten, konnte ich klarer sehen, wie sehr ich mich an meinen Mann, unsere Firma, Erfolge und unseren Besitz, die Persönlichkeiten, die wir nach außen darstellten, und den Gedanken *wir* klammerte.

Ich war überhaupt nicht bereit, mich von meinem Mann und unseren gemeinsamen Träumen zu lösen. Amanda formulierte, was ich in meinem Herzen bereits wusste: dass dieser Mensch und ich auf einer ganz tiefen Ebene bereits über viele Leben hinweg miteinander verbunden waren.

Im Lauf der nächsten zwei Jahre half Amanda mir, die Schnüre zu durchtrennen, die mich und meinen Mann so lange aneinander gefesselt hatten. Sie lehrte mich, dies auf elegante und einfache Weise zu tun, und heute, beinahe anderthalb Jahre nach unserer Scheidung und der Beendigung unserer verschiedenen geschäftlichen Aktivitäten, haben mein Exmann und ich uns entschieden, die Bindungen zu entwirren, die über viele Leben hinweg entstanden waren, statt sie zu durchtrennen. Wir haben eine neue Realität für uns erschaffen – jeder für sich und auch als die beiden Menschen, die einander immer noch sehr viel bedeuten. Ich bin so froh, dass diese Wirklichkeit ohne die Belastungen und die Dramen auskommt, an die wir uns gewöhnt hatten, und dass sie von bedingungsloser Liebe und gegenseitiger Unterstützung geprägt ist. Ich werde Amanda für ihre wichtige Rolle in diesem Prozess immer dankbar sein.

Übung

Nehmen Sie einen Stift und ein Blatt Papier und setzen Sie sich an einen ruhigen Ort, den Sie entsprechend vorbereitet haben, und entspannen Sie sich.

Öffnen Sie Ihr göttliches Herz und stellen Sie ihm die folgenden Fragen:
• Welche Beziehungen muss ich aufgeben?
• Was entzieht meinem heiligen, inneren Raum Energie?
• Welche Gefühle und negativen Überzeugungen aus all meinen Leben muss ich aufgeben?

Schreiben Sie nun die Schlüsselbegriffe auf und zeichnen Sie ein Herz um sie herum.

Sitzen Sie dann einfach still da und denken Sie über das Geschriebene nach.

Bitten Sie alle Ihre geistigen Führer, Sie zu unterstützen, und schreiben Sie quer über das Blatt Papier:

Ich vergebe mir. Ich vergebe den anderen.
Ich bitte die karmischen Führer, mich von den Bändern,
Schnüren und Verträgen zu befreien,
die nicht länger meinem höchsten Wohl dienen.
Ich überantworte die Klärung der Gnade.
Ich erlaube mir selbst, zu heilen und Klarheit zu erlangen.

Das wird Ihnen ermöglichen, den Lösungs- und Klärungs-
prozess behutsam zu beginnen und in dem Tempo voranzuschreiten, das Ihnen am besten dient.

Ich bin mit dem Universum verbunden.

Ich bin ein göttliches Kind des Lichts.

Ich bin nicht meine Geschichte.

Ich lerne aus meiner Geschichte.

Ich bin unendlich.

Ich manifestiere etwas Größeres
in Übereinstimmung mit meiner Seele.

Ich bin für die Unterstützung und
die bedingungslose Liebe dankbar,
die mich umgeben.

Ich erforsche den tieferen Sinn meines Lebens.

Angesichts der Weisheit, die meine Seele
durchdringt, bin ich erfüllt von Freude.

3

Ihre persönliche Reise in die Welt von Akasha

Öffnen Sie Ihr persönliches Buch in der Akasha-Chronik

Das Buch Ihrer Seele ist unendlich kostbar – wie übrigens auch die Geschichte Ihres Lebens.

In den vorangegangenen Kapiteln haben Sie bereits Ihr Herz etwas mehr geöffnet, Kontakt mit Ihren geistigen Führern aufgenommen und sind in die ätherische Welt eingetaucht, die uns alle umgibt. Nun lade ich Sie ein, gemeinsam mit mir in der Akasha-Chronik zu blättern.

Als ich zum ersten Mal meine persönliche Akasha-Chronik aufschlug, befand ich mich in der Nähe von Kairo in Giseh. Auf meiner dritten heiligen Reise besuchte ich die Sphinx und betete vor der mit Hieroglyphen geschmückten Stele, die sich zwischen den Pfoten befindet. Ich hatte dabei das Gefühl zu schweben und spürte eine große innere Ruhe. Es dauerte lange, bis ich das Erlebnis auf der Rückfahrt zum Bus verarbeitet und sacken lassen hatte.

Wie es bei vielen Einweihungen der Fall ist, so war auch diese zuerst nicht offensichtlich. Die Energie schwebt, wie ich glaube, über dem Kronen-Chakra und wartet auf eine Veränderung des Bewusstseins, damit sie schließlich in den Körper hinabströmen kann.

Nach dem Besuch der Sphinx ging ich in mein Hotelzimmer, duschte und legte mich hin, um zu schlafen. Am selben Abend sah ich in meinen luziden Träumen viele neue

Symbole. Ich träumte, ich sei wieder bei der Sphinx. Ich stand vor diesem erstaunlichen Bauwerk und umrundete es schließlich gegen den Uhrzeigersinn. Dann setzte ich mich wieder vor die Stele und meditierte. Meine Seele drang in die Zwischenräume des Gebäudes ein und wandelte die Flure entlang.

Vor mir sah ich Tunnels voller Wasser; dann war ich plötzlich in einer kleinen Barke, die auf dem komplexen Wasserstraßennetz dahinglitt. Anubis war mein Fährmann, und ich trug eine Robe, die mit Tierabbildungen bestickt war. Als wir das Ende eines Tunnels erreichten, sah ich eine Tür. Mein Führer wies mich an, die Barke zu verlassen und die Tür zu öffnen. Ich tat, wie mir geheißen, und betrat einen großen Raum mit einem steinernen Sarkophag darin, der in Licht gebadet war. Vor dem Sarkophag lag ein Buch, ein alter heiliger Text voller fremder Worte und merkwürdiger Bilder. So seltsam dies auch alles war, es ergab doch alles einen Sinn, und ich erkannte das Buch des Lebens, in dem alles über alle Belange des Himmels und der Erde festgehalten war. Ich legte beide Hände auf das Buch und spürte, wie goldene Energie meine Adern durchströmte und im Rhythmus meines Herzschlags pulsierte.

Als ich damit fertig war, drehte ich mich um und sah meine ägyptische Führerin Seschat vor mir stehen, die Göttin der Schreibkunst, die mich auf all meinen Reisen nach Ägypten begleitet. Sie ist die Göttin, die auf den Tempelwänden mit einem Stern dargestellt wird, der aus ihrem Schädeldach wächst. Ich sah, wie sie einen Kristall in mein Herz-Chakra legte und über meinem Kopf einen Stern wie den ihren platzierte. Dieses Bild sehe ich heute so deutlich vor mir wie damals. Ich fühlte mich durch die Verbindung zu ihr gesegnet, die, wie ich jetzt weiß, bereits seit vielen Leben besteht.

Das war der Zeitpunkt, an dem die heiligen Schlüssel und Codes von Akasha in mein Energiefeld geladen wurden. In den nächsten Kapiteln werde ich diese an Sie weitergeben. Sie können dann Ihre persönliche Akasha-Chronik öffnen, das heilen und klären, was Ihnen nicht mehr dient, und zu neuer Klarheit gelangen, die Sie auf Ihrem spirituellen Weg unterstützen wird.

Unterwegs werden Sie so manchen wunderbaren Führer kennenlernen. Alles, was dafür nötig ist, sind ein offenes Herz und ein aufgeschlossener Geist. Machen Sie sich keine Sorgen, wenn Ihnen hier und dort Hindernisse begegnen. Sollte dies geschehen, begeben Sie sich dann einfach in den Zustand der Meditation des göttlichen Herzens zurück und lassen Ihr inneres Licht erstrahlen. Bewerten Sie nichts, da dies unweigerlich dazu führen wird, dass sich die Tür zu dieser großen Bibliothek wieder schließt. Bewertungen nähren nur unser Ego – traurig, aber wahr.

Sie müssen wissen, dass Ihr göttlicher Plan absolut perfekt ist. Sollten Sie zweifeln, setzen Sie die Affirmation im vorangegangenen Kapitel ein, um den Zweifel loszulassen.

Im Lauf der letzten Jahre habe ich viele Menschen zu ihren heiligen Büchern geführt. Nun werde ich Sie zu dem Ihren geleiten. Die folgende Meditation wird Ihnen die Tür zu Ihrer eigenen heiligen Kammer öffnen. Sobald Ihr Buch geöffnet ist, können Sie ganz unterschiedliche Kammern aufsuchen.

Die vier wichtigsten sind:
- Die Kammer vergangener Leben
- Die Kammer des gegenwärtigen Lebens
- Die Kammer des Lebens zwischen den Leben
- Die Kammer zukünftiger Leben

Wenn Sie Ihr Buch aufschlagen, stöbern Sie einfach darin herum. Sicher werden Sie ein Gefühl der Ehrfurcht spüren und aufgeregt sein. Stellen Sie dem Buch Fragen. Vielleicht erscheinen Ihre geistigen Führer und helfen Ihnen.

Währenddessen kontaktiert Ihr Kronen-Chakra andere Dimensionen, wodurch Ihre Träume wahrscheinlich luzider werden und Ihre Hellsichtigkeit zunimmt. Denken Sie immer daran, dass Sie die Kontrolle über den gesamten Prozess haben und nur jene Orte aufsuchen werden, die Ihrem höchsten Wohl dienen.

Meditation, um Ihr Buch in der Akasha-Chronik zu öffnen

Begeben Sie sich mit Ihrem Tagebuch an einen ruhigen Ort, den Sie ein wenig zum Meditieren vorbereitet haben. Sorgen Sie also in einer für Sie passenden Weise dafür, dass die dort vorherrschende Energie Ihnen ein Gefühl von Sicherheit gibt und Ihnen zu Klarheit verhilft.

Atmen Sie ein paar Mal tief durch und beginnen Sie dann mit der Meditation.

Jetzt werden wir Ihr persönliches Buch in der Akasha-Chronik öffnen.

Entspannen Sie sich und richten Sie Ihre Aufmerksamkeit auf Ihr Herz.

Stellen Sie sich vor, dass ein strahlendes Licht in Ihrem Herzen entflammt und sich im ganzen Körper ausbreitet.

Sehen Sie, wie das Licht den Unterkörper hinab in die Beine und durch die Füße in die Erde strömt.

Sehen Sie, dass Ihre Lichtwurzeln den Kristall von Gaia erreichen und sich mit ihm verbinden.

Sehen Sie, wie der Kristall funkelt und wie das Licht durch die Wurzeln in die Füße, Beine und den Körper hinauf zum Herzen strömt.

Sehen Sie, wie das Licht vom Herzen den Hals empor in Ihren Kopf strömt und wie es wie eine Fontäne zum Himmel emporschießt und sich dort oben mit einem Stern verbindet.

Sehen Sie, wie das Licht zu Ihnen zurückkehrt und in Ihrem Herzen pulsiert. Das Licht, das Sie umgibt, ist wie eine Säule, die Himmel und Erde miteinander verbindet.

Konzentrieren Sie sich jetzt auf das Herz und lassen Sie es warm werden und erwachen.

Stellen Sie sich einen strahlenden fünfzackigen Stern im Herzen vor.

Öffnen Sie die fünf Zacken und lassen Sie die Herzenergie fließen, indem Sie sich an die glücklichsten Momente in Ihrem Leben erinnern.

Entspannen Sie sich weiter und lächeln Sie. Lassen Sie das Herz-Chakra durch die glücklichen Erinnerungen weit werden.

Senden Sie Licht und hüllen Sie den Stern darin ein.

Spüren Sie, wie die Schultern sinken, und spüren Sie den Frieden um sich herum.

Sehen Sie nun in der Mitte des Sterns eine kleine Flamme.

Lassen Sie sich in diese Flamme sinken.

Dies ist die Flamme der Umwandlung und Transformation. Sie löst alles Negative auf, läutert das Herz und schenkt Ihnen Klarheit.

Wärmen Sie sich an dieser Flamme und lächeln Sie dabei.

Schauen Sie nun nach unten und sehen Sie dort eine Perle – eine wunderschöne, durchscheinende, strahlende Perle.

Halten Sie die Perle in der Hand und senden Sie ihr Liebe. Ist es nicht erstaunlich, wie schön sie ist?

Dies ist Ihr Herz, Ihr göttliches Herz.

Ihre vollkommene Essenz, die geschaffen wurde, als Sie noch Sternenstaub waren.

Mit dieser Essenz können Sie sich nun verbinden und Ihre Frage stellen.

Sie sind mit der Erde und dem Universum verbunden und zentriert in Ihrem göttlichen Herzen.

Nun ist es an der Zeit, Ihr heiliges persönliches Buch in der Akasha-Chronik zu öffnen.

Stellen Sie sich vor, Sie würden eine Bibliothek betreten. Sehen Sie einen Stuhl und einen Tisch vor sich.

Der Boden besteht aus zweifarbigen Kacheln.

Gedämpftes Licht erhellt den Raum.

Schauen Sie sich im Raum um.

Schauen Sie sich das Dekor an und entspannen Sie sich, während Sie sich umschauen.

Gehen Sie zum Tisch hinüber.

Auf dem Tisch erscheint nun ein großes Buch.

Schauen Sie sich die Farbe des Buches an.

Spüren Sie, wie alt das Buch ist.

Senden Sie einen Lichtstrahl aus Ihrem Herzen in das Buch.

Sehen Sie, wie es zum Leben erwacht, und achten Sie auf die Farben, Symbole und Worte.

Legen Sie die linke Hand auf das Buch.

Lassen Sie Ihre Herzenergie in das Buch einströmen und das Buch öffnen.

Sehen Sie, wie sich das Buch öffnet und wie Bilder oder Botschaften in Ihr Bewusstsein dringen.

Bleiben Sie, bis Sie das Gefühl haben, es sei an der Zeit zu gehen.

Wenn Sie fertig sind, schließen Sie das Buch und legen die rechte Hand darauf.

Sehen Sie, wie die Farben verblassen, und kehren Sie mit einigen tiefen Atemzügen erfrischt und strahlend in Ihre Realität zurück.

Nehmen Sie sich nun einen Augenblick Zeit, um Ihre Erlebnisse aufzuschreiben:

• Beschreiben Sie den Raum.
• Wie hat das Buch ausgesehen?
• Können Sie die Symbole zeichnen?
• Welche Worte haben Sie gesehen?
• Welche Botschaften haben Sie erhalten?
• Was haben Sie über sich selbst herausgefunden?

Jeder sieht andere Bilder und empfängt andere Botschaften. Meist geht es dabei jedoch um Hoffnung, Richtung und Klarheit. Manchmal erscheinen aber auch düstere Bilder, wodurch der Prozess unterbrochen werden kann, wenn der Klient sich der Angst hingibt.

Ich wurde in den Traditionen der alten Ägypter und der Maya ausgebildet. Beide umarmen das Licht und beobachten die Dunkelheit. Häufig müssen wir durch beide Bereiche reisen. Wenn Sie merken, dass Sie Angst bekommen, atmen Sie einfach weiter und lassen Sie das Licht Ihres Herzens leuchten. Sagen Sie dann:

Ihr Engel, kommt zu mir.
Erzengel Michael, beschütze mich.

Sprechen Sie diese Sätze entweder still zu sich oder laut aus und wiederholen Sie sie so lange, bis die Angst sich legt.

Nun, da wir die verschiedenen Stufen beschritten und die Schlüssel und Codes der Akasha-Chronik eingesammelt haben, ist es an der Zeit, alles zusammenzufügen.

Die wichtigsten Meditationen, mit denen Sie bisher gearbeitet haben, sind:
• Die Meditation des göttlichen Herzens – um sich mit den höheren Dimensionen zu verbinden. (Diese Meditation wird in allen Akasha-Sitzungen eingesetzt.)
• Die Meditation zum Garten des Heiligtums – um einen geheiligten Raum zu erschaffen, in dem Sie mit Ihren Führern arbeiten können.
• Die Meditation der Öffnung der Akasha-Chronik – um einen Zugang zu den Aufzeichnungen zu bekommen und Klarheit über Ihren spirituellen Weg zu erlangen. (Auch diese Meditation kommt in allen Akasha-Sitzungen zum Einsatz.)

Mit diesen grundlegenden Meditationen werden wir nun auf Ihrer Reise durch die Akasha-Chronik weiterarbeiten. Sie werden integraler Bestandteil jeder weiteren Meditation sein.

Sie entscheiden, welche Bereiche der Bibliothek Sie aufsuchen möchten. Ich schlage vor, dass Sie zuerst mit der Vergangenheit und dann mit der Gegenwart arbeiten. Danach können Sie das Leben zwischen den Leben erforschen und schließlich Ihre Zukunft. Auf diese Weise entsteht ein gewisser Fluss.

Konzentrieren Sie sich stets auf Ihre Intention und schreiten Sie behutsam voran.

Frühere Leben in der Akasha-Therapie

Als Energieseelen haben wir uns alle viele Male im Rahmen eines Zyklus inkarniert. Er hat begonnen, als die Seele zum ersten Mal eine irdische Form angenommen hat. Im Lauf dieser vielen Leben hat jede Seele sowohl positive als auch negative Erfahrungen gesammelt. Sie müssen sich darüber bewusst sein, dass die Seele die erlebten Traumata auf der Zellebene abgespeichert hat. Die Akasha-Therapie arbeitet mit früheren Leben, um das Karma aus früheren Inkarnationen zu klären und es aufzulösen. Karmische Traumata sind in der Akasha-Chronik aufgezeichnet und werden uns in Form von Bildern aus früheren Leben gezeigt.

Im Rahmen der Akasha-Therapie erhält man Zugang zu diesen Aufzeichnungen und richtet zuerst einmal seine Aufmerksamkeit auf das ungelöste Thema oder den Schmerz. Dann fügt man in einem weiteren Schritt dem damaligen Ereignis Vergebung, Frieden, Liebe und Mitgefühl hinzu.

Obwohl die Aufzeichnung selbst nicht geändert werden kann, so können doch die emotionalen und spirituellen

Reaktionen auf das damalige Ereignis geheilt, neu bewertet oder neu definiert werden.

In früheren Leben haben wir alle heilige Verträge mit Menschen und Orten abgeschlossen und Karma angesammelt. Diese kraftvollen Verbindungen können über viele Leben hinweg in uns »schlummern«, bis die Seele schließlich bereit ist, sie aufzulösen.

Von Zeit zu Zeit begegne ich Menschen, die behaupten, das gesamte Karma aus früheren Leben aufgelöst und alle Aufzeichnungen gelöscht zu haben. Das mag für das Karma zutreffen, aber die Aufzeichnungen können nicht gelöscht werden. Meist sind ja andere Seelen an den damaligen Ereignissen beteiligt, die ihre Zustimmung zum Umschreiben nicht gegeben haben.

Jeder ist selbst dafür verantwortlich, mit seinen eigenen Aufzeichnungen in der Akasha-Chronik zu arbeiten. Wenn wir unser Karma heilen, wird sich dies auch auf die daran Beteiligten auswirken. Aber es bleibt immer ihre Entscheidung, ob sie ihr Karma ebenfalls heilen und uns dies widerspiegeln wollen oder nicht.

Stellen Sie sich eine Autobahn voller Risse im Asphalt und voller Schlaglöcher vor. Die Autobahn erstreckt sich vor und hinter Ihnen. Manchmal fangen die großen Risse ganz weit hinten an. Aber auch, wenn diese Risse da, wo Sie sich jetzt befinden, recht klein aussehen mögen, so verursachen sie doch gehörige Probleme in Ihrem Leben.

Indem Sie zu der ursprünglichen Aufzeichnung zurückgehen, kehren Sie gewissermaßen zum Ausgangspunkt des Risses zurück. Dort können Sie ihn dann füllen und den Schaden beseitigen oder die Vergebung des Menschen erbitten, mit dem gemeinsam Sie diesen Riss erschaffen haben. Hier einmal angelangt, verstehen Sie in der Regel, warum das damalige Ereignis stattgefunden hat und welche Bedeutung es für die Reise Ihrer Seele und die der anderen Beteiligten hat.

Wir sollten uns bewusst machen, dass wir alle in früheren Leben Dinge getan haben, die anderen Menschen Leid zugefügt haben. Das ist mir klar geworden, als ich mir meine eigenen Aufzeichnungen angeschaut habe. Dies geschah im Zuge eines Engelseminars, an dem ich vor einigen Jahren teilgenommen habe. Ich war erst einmal sehr glücklich darüber zu erfahren, dass ich offenbar voller Licht und Liebe war, und ich arbeitete gerade mit einer bestimmten Engel-Methode, und zwar der der Segnung und Güte.

Eines meiner früheren Leben

Allerdings wurde das, was ich bis dato gelernt hatte, ordentlich auf die Probe gestellt, als ich plötzlich begann, mich an ein Leben zur Zeit der Tudors in England zu erinnern. Meine Lehrerin bot mir an, diese Eindrücke mit mir zusammen zu erforschen. Gemeinsam gingen wir dann also zurück in ein Leben in Glastonbury, wo zu dieser bestimmten Zeit großes Leid und große Finsternis vorherrschten. Als ich sah, welche Entscheidungen ich damals getroffen hatte, war dies für mein Ego sehr ernüchternd und eine große Herausforderung, genau hinzuschauen und zu sehen, was sich damals ereignet hatte.

Dann ging ich für eine ganze Weile an einen tiefen inneren Ort der Vergebung und des Mitgefühls, und die Tränen begannen zu fließen.

Nach der Sitzung waren sowohl meine Lehrerin als auch ich ziemlich erschüttert. Wir mussten erst einmal eine Tasse Tee trinken und ein paar Kekse essen.

Nun wusste ich auch, warum ich mich immer schon so zu dieser Gegend hingezogen gefühlt und mich bemüht hatte, meine Energie besonders rein zu halten. Ich musste mein Herz diesem damaligen Leben und den damit verbundenen Ereignissen öffnen. Zu dieser Zeit hörte ich auch auf, andere und mich selbst zu be- oder verurteilen. Wie konnte ich jetzt noch falsche Entscheidungen verurteilen, die anderen Schaden zufügten, da ich selbst in einem früheren Leben so gehandelt hatte?

Und nicht zuletzt deshalb kann ich wohl auch diese Form der Seelenarbeit anbieten. Weder bin ich schockiert darüber noch stört es mich, die Schattenseiten anderer zu sehen, denn ich habe ja meine eigene Schattenseite gesehen und gelernt, sie zu akzeptieren und sie als das anzunehmen, was sie war.

Jene, die uns Schaden zugefügt haben, müssen das aus ihren Handlungen entstandene Karma begleichen. Solange keine Heilung stattfindet, wird der Kreislauf aus Schaden und Leid immer weitergehen.

Erstaunlich ist, dass die Klärung und Heilung des Karmas gegenüber einem anderen Menschen tatsächlich von uns allein bewerkstelligt werden kann. Der andere wird davon wahrscheinlich nichts spüren, außer dass er vielleicht das unbestimmte Gefühl hat, irgendetwas, was mit uns zu tun hat, sei geheilt oder leichter für ihn geworden.

Verbindungen zu bestimmten Orten

In der Akasha-Therapie erfahren wir unter anderem auch, warum wir uns zu bestimmten Orten hingezogen fühlen. Bei meiner Arbeit an heiligen Stätten und in Tempeln ist mir aufgefallen, dass die einheimischen Führer, Wächter und selbst die Händler seit vielen Leben an diese Orte gebunden sind. Es ist immer klug, diesen ganz besonderen Seelen Respekt und Aufmerksamkeit entgegenzubringen. Was dies anbelangt, habe ich selbst einige interessante Erlebnisse gehabt, die wie Offenbarungen für mich waren.

So besuchte ich eines Tages die heiligen Maya-Ruinen von Copán in Honduras. Hier steht einer der wohl schönsten und energievollsten Tempel, in denen ich je arbeiten durfte. Als ich dort zum ersten Mal hinkam, geschahen einige erstaunliche Dinge, und die Intensität meiner Hellsichtigkeit steigerte sich merklich. Ich hatte damals einen Schamanen als Reiseführer an meiner Seite. Als wir die Ruinen erreichten, rannte er plötzlich ganz unvermittelt los, und zwar quer über eine Wiese – was ich ziemlich merkwürdig fand.

Er bückte sich und hob die Feder eines Aras auf, die er mir dann gab. Damals wusste ich noch nicht, wie selten und heilig diese Federn sind. Alle Führer haben diese Federn auf ihren Stöcken, um den Besuchergruppen das alte Wissen nahebringen zu können. Die Federn sind auf der einen Seite hellorange und auf der anderen dunkelviolett.

Die schamanischen Führer glauben, dass sich das Leben der Maya nach dem Prinzip des Ausgleichs zwischen oben und unten abspielte und dass der Schatten (die violette Seite) zu Licht (die orangefarbene Seite) wird. An diesem Tag wurde mir eine große Ehre zuteil. Ich erkannte, dass ich hier vor vielen Leben Zeremonien abgehalten hatte. Die Feder war ein Zeichen, das mir zeigen sollte, dass diese Energie noch immer ein Teil von mir war. Heute benutze ich die Feder bei Segnungen und in Zeremonien, um Klarheit zu gewinnen.

Auf derselben Reise sollte ich dann noch weitere Einsichten über die Wächter dieser Orte erhalten: Eines Abends wandten meine Freundin und ich uns an einige einheimische Führer, die in der Stadt geboren worden und aufgewachsen waren. Wir fragten sie, ob sie jemals das Bedürfnis gehabt hätten, diesen Ort zu verlassen. Worauf sie uns antworteten: »Nein, wir sind an diesen Ort gebunden.«

Ich hielt das damals für ziemlich merkwürdig, aber nachdem ich in der Akasha-Chronik gelesen hatte, wusste ich, dass es wahr war. Gewisse Schamanen entscheiden sich dafür, über viele Leben hinweg Wächter dieser Orte zu sein, bis sie dort nicht mehr gebraucht werden. Sie kennen die Geheimnisse, was sich dann einige Zeit später im Dendara-Tempel in Ägypten wieder bestätigen sollte.

Als ich Dendara 2006 besuchte, sah ich mich nach einem ruhigen Ort um, an dem ich etwas nachdenken konnte. Ich ging um die linke Ecke herum und bestaunte die wunderschönen Reliefs der ägyptischen Göttin Hathor, als plötzlich hinter einer der Säulen ein Wächter hervortrat. Er trug eine lange ägyptische Robe und einen Turban. Inständig hoffte ich, dass er im Tempel arbeitete, obwohl mich in Tempeln so langsam schon überhaupt nichts mehr überraschte ...

Ich versuchte, ihm irgendwie verständlich zu machen, dass ich nur ein bisschen still dasitzen und meditieren wolle. Er seinerseits zeigte sich davon eher unbeeindruckt und deutete auf einen Stein, unter dem eine Plastiktüte lag. Dann hob er den Stein und die Tüte auf und wies mich an, mich hinzusetzen. Als ich mich umblickte, merkte ich, dass ich ganz allein mit ihm war. Es war nachmittags, und ich war einerseits froh über den Schatten und die Ruhe. Andererseits aber überlegte ich natürlich, ob es wirklich eine so gute Idee und vor allem sicher sei, hier weit entfernt von den anderen und neben diesem Mann im Staub zu sitzen. *Nein,* dachte ich, *hör auf nachzudenken und gib dich ganz der Erfahrung hin.*

Ich lächelte dem Wächter beherzt zu und beugte meinen Kopf. Daraufhin machte er einen Schritt zur Seite und drehte mir den Rücken zu, so als ob er den Ort bewachen wollte. Ich setzte mich also hin und wartete ab.

Dann schloss ich die Augen und nahm Kontakt zum Bildnis der Göttin Hathor auf. Plötzlich kam von oben eine Lichtsäule auf mich herab und hüllte mich vollständig ein. Ich wagte es nicht, die Augen zu öffnen. In mir spürte ich einen tiefen Frieden und vollkommenes Glück, und wie bei einer Einweihung wurde jede Zelle meines Körpers davon erfasst. In meiner Wirbelsäule fing es an zu kribbeln, und nun spürte ich eine Welle der Energie.

Nach einer Weile stand ich auf und erdete mich erst einmal gründlich. Der Wächter drehte sich zu mir um und lächelte. Dann verbeugten wir beide uns mit zusammengelegten Händen wie bei einem Gebet. Ich gab ihm etwas Geld, er nickte und legte die Plastiktüte und den Stein wieder zurück an den Ort, an dem ich eben noch gesessen hatte. Wer hätte gedacht, dass ein solch profaner Platz so heilig sein könnte.

Meditationen über frühere Leben

Zwei Meditationen aus der Akasha-Therapie sind besonders gut für die Arbeit mit vergangenen Leben geeignet. Die erste ist eine kurze Meditation, mit der jene Orte auf der Welt lokalisiert werden sollen, an denen Sie wichtige frühere Leben geführt haben. Die zweite ist eine Meditation, mit deren Hilfe Sie durch frühere Leben reisen können.

Das Auffinden wichtiger Orte auf der Welt kann sogar auf das ganze Universum ausgedehnt werden und sich auch auf Sternensysteme oder Planeten beziehen.

Begeben Sie sich an Ihren stillen heiligen Ort und schlagen Sie Ihr Tagebuch auf. Wenn Sie dazu in der Lage sind, zeichnen Sie eine Weltkarte.

Gehen Sie nun in den Raum Ihres Herzens und lassen Sie das Licht in Ihrem Herzen größer werden.

Entspannen Sie sich und atmen Sie ein paar Mal tief durch.

Sehen Sie, wie das strahlend helle Licht Ihres Herzens bis in das Zentrum der Erde dringt.

Sehen Sie, wie die Lichtsäule von der Erdmitte aus durch Sie hindurch bis zum Himmel emporsteigt.

Spüren Sie, dass Sie Teil des Ganzen sind und dass Sie mit allem in Frieden leben.

Bitten Sie Ihre geistigen Führer und die Engel, Ihnen zu helfen, Kontakt zu Ihren Aufzeichnungen in der Akasha-Chronik herzustellen.

Entspannen Sie sich noch mehr und lassen Sie Ihr Bewusstsein in eine andere Dimension wandern.

Bitten Sie die Akasha-Chronik nun, Ihnen einen Globus zu zeigen.

Bitten Sie den Globus, sich vor Ihren Augen zu drehen.

Sehen Sie, wie der Globus anhält. Auf den Ländern, mit denen Sie besonders verbunden sind, erscheinen Lichter.

Schauen Sie genauer hin. Vielleicht sehen Sie die Namen von Städten.

Sobald Sie fertig sind, bedanken Sie sich bei Ihren geistigen Führern und kehren mit einigen tiefen Atemzügen in die Gegenwart zurück.

Lösen Sie die Schnüre über und unter sich und lassen Sie Glück und Heilung in Ihr Herz strömen.

Wenn Sie dann so weit sind, schreiben Sie die Namen der Orte auf, die sie gesehen haben:
• Welche Länder haben Sie gesehen?
• An welche Städte mussten Sie denken?
• Können Sie sich sonst noch an etwas erinnern?
• Haben Ihnen die Orte Angst gemacht?

Schauen Sie sich die Liste eine Zeit lang an.

Manch einem fallen auch Atlantis oder Lemuria ein. Diese befinden sich zwar im Augenblick nicht in physischer Form auf der Weltkarte, aber ihre Energie ist sehr wohl noch vorhanden.

Sie können diese Liste benutzen, um die Energie zu klären, ohne die Orte tatsächlich aufsuchen zu müssen. Schreiben Sie einfach den Namen und die Lage auf und zeichnen Sie ein Herz darum. Das wird den Heilungsprozess in Gang setzen.

Sie können natürlich auch die folgende Meditation benutzen, um diese Länder zu besuchen und größere Klarheit zu erlangen.

Ziehen Sie sich mit Ihrem Tagebuch an einen ruhigen Ort zurück, den Sie ein wenig zum Meditieren vorbereitet haben. Sorgen Sie also in einer für Sie passenden Weise dafür, dass die dort vorherrschende Energie Ihnen ein Gefühl von Sicherheit gibt und Ihnen zu Klarheit verhilft.

Atmen Sie dann ein paar Mal tief durch und beginnen Sie dann mit der Meditation.

Jetzt werden wir die Akasha-Chronik öffnen und uns ein früheres Leben anschauen.

Entspannen Sie sich und richten Sie Ihre Aufmerksamkeit auf Ihr Herz.

Stellen Sie sich vor, dass ein strahlendes Licht in Ihrem Herzen entflammt und sich im ganzen Körper ausbreitet.

Sehen Sie, wie das Licht den Unterkörper hinab in die Beine und durch die Füße in die Erde strömt.

Sehen Sie, wie Ihre Lichtwurzeln den Kristall von Gaia erreichen und sich mit ihm verbinden.

Sehen Sie, wie der Kristall funkelt und wie das Licht durch die Wurzeln in die Füße, Beine und den Körper hinauf zum Herzen strömt.

Sehen Sie, wie das Licht vom Herzen den Hals empor in Ihren Kopf strömt und wie es als Fontäne zum Himmel emporschießt und sich dort oben mit einem Stern verbindet.

Sehen Sie, wie das Licht zu Ihnen zurückkehrt und in Ihrem Herzen pulsiert. Das Licht, das Sie umgibt, ist wie eine Säule, die Himmel und Erde miteinander verbindet.

Konzentrieren Sie sich jetzt auf das Herz und lassen Sie es warm werden und erwachen.

Stellen Sie sich einen strahlenden fünfzackigen Stern im Herzen vor.

Öffnen Sie die fünf Zacken und lassen Sie die Herzenergie fließen, indem Sie sich an die glücklichsten Momente in Ihrem Leben erinnern.

Entspannen Sie sich weiter und lächeln Sie. Lassen Sie das Herz-Chakra durch die glücklichen Erinnerungen weit werden.

Senden Sie Licht und hüllen Sie den Stern darin ein.

Spüren Sie, wie die Schultern sinken, und spüren Sie den Frieden um sich herum.

Sehen Sie nun in der Mitte des Sterns eine kleine Flamme.

Lassen Sie sich in diese Flamme hineinsinken.

Dies ist die Flamme der Umwandlung und Transformation.

Sie löst alles Negative auf, läutert das Herz und schenkt Ihnen Klarheit.

Wärmen Sie sich an dieser Flamme und lächeln Sie dabei.

Schauen Sie nun nach unten und sehen Sie dort eine Perle – eine wunderschöne, durchscheinende, strahlende Perle.

Halten Sie die Perle in der Hand und senden Sie ihr Liebe. Ist es nicht erstaunlich, wie schön sie ist?

Dies ist Ihr Herz, Ihr göttliches Herz.

Ihre vollkommene Essenz, die geschaffen wurde, als Sie noch Sternenstaub waren.

Mit dieser Essenz können Sie sich nun verbinden und ihr Ihre Frage stellen.

Sie sind mit der Erde und dem Universum verbunden und zentriert in Ihrem göttlichen Herzen.

Nun ist es an der Zeit, Ihre heiligen persönlichen Aufzeichnungen in der Akasha-Chronik zu öffnen.

Stellen Sie sich vor, Sie wären wieder in der Bibliothek.

Sind irgendwelche Führer bei Ihnen?

Sehen Sie Ihr Buch auf dem Tisch liegen und schlagen Sie es mit der linken Hand auf. Sehen Sie, wie es in goldenem Licht erstrahlt.

Nun sehen Sie, wie mitten im Raum eine Tür erscheint, hinter der ein goldenes Licht leuchtet.

Gehen Sie zu dieser Tür.

Öffnen Sie sie und gehen Sie hindurch.

Sie treten nun in ein früheres Leben ein und schauen sich um.

Wie sieht die Umgebung aus?

Wer ist bei Ihnen?

Wie geht es Ihnen?

Was geschieht?

Was haben Sie mitgebracht, das geheilt oder geklärt werden muss oder über das Sie Klarheit erlangen müssen?

Was müssen Sie dafür tun?

Wem und was müssen Sie vergeben?

Welche Lektion müssen Sie lernen und zurück in Ihr gegenwärtiges Leben bringen?

Atmen Sie weiter und lächeln Sie die Lichtenergie in Ihr Herz hinein.

Senden Sie dieser Geschichte Liebe.

Gibt es irgendwelche Verträge, die aufgelöst werden müssen?

Sehen Sie die Schriftrollen?

Gibt es Schnüre, die Sie lösen müssen?

Sehen Sie, wie sich die Schnüre in dünne Bänder verwandeln, wie sie sich zusammenrollen und sich auflösen.

Lassen Sie sich dabei von Ihren höheren Geistführern helfen.

Wenn Sie fertig sind, sehen Sie wieder die Tür vor sich.

Gehen Sie durch die Tür.

Schließen Sie sie hinter sich.

Sie sind nun wieder in der Bibliothek.

Schließen Sie Ihr persönliches Buch in der Akasha-Chronik.

Schauen Sie Ihre Führer an.

Lächeln Sie sie an und ruhen Sie sich etwas aus, wenn nötig.

*Sehen Sie die Schmetterlinge und das strahlende Licht, von dem
Sie umgeben sind.*

*Wenn Sie bereit sind, kehren Sie mit einigen tiefen Atemzügen
in die Gegenwart zurück.*

Sehen Sie, wie das Licht oben und unten schwächer wird.

*Spüren Sie dieses wunderbare Gefühl der Freude in Ihrem
Herzen.*

*Erden Sie sich in dem Bewusstsein, dass Sie Klarheit gewonnen
und Heilung erfahren haben.*

*Sollten Tränen in Ihnen aufsteigen, lassen Sie sie einfach
fließen.*

*Entspannen Sie sich und bleiben Sie noch eine Weile in diesem
heiligen Raum des Herzens.*

Schreiben Sie nun, da Sie wieder geerdet im Hier und Jetzt
angekommen sind, die wichtigsten Punkte dieser Erfahrung
auf:

- Was haben Sie gesehen?
- Wer war bei Ihnen?
- Was haben Sie gefühlt?
- Was haben Sie geheilt?
- Was haben Sie gelernt?
- Hat dieses Karma aus dem früheren Leben eine Rolle in
diesem Leben gespielt?

Lassen Sie das frühere Leben nun gehen; lassen Sie es in
Liebe und Licht einfach gehen.

Das gegenwärtige Leben
in der Akasha-Therapie

Probleme, gegenwärtiges Karma und Lebenslektionen können wichtige Lernerfahrungen sein. Wenn wir uns zu sehr in
den Problemen des Alltags verlieren, sind wir nicht mehr in
der Lage, die darin verborgenen spirituellen Botschaften zu
erkennen. Die Akasha-Therapie ermöglicht es uns, über dem
emotionalen Inhalt der Probleme zu stehen und die ihnen
zugrunde liegende Wahrheit auf einer tieferen Ebene zu verstehen. Wenn Sie Beziehungen klären und heilen möchten,
dann schlage ich vor, dass sie neue positive Verträge in die
Akasha-Chronik einfügen, damit die Heilung und Klärung
weitergehen kann.

Es gibt in Bezug auf das gegenwärtige Leben drei Hauptbereiche, bei denen die Akasha-Therapie ansetzt:

1. **Intime Beziehungen:** Beziehungen aufgeben, die uns nicht
   mehr dienen; Beziehungen heilen; neue, schönere Beziehungen anziehen.

2. **Überfluss und Erfolg:** einen Überfluss an Reichtum, Erfahrungen und Glück anziehen; Erfolg im Leben und im Be-
   ruf anziehen.

3. **Wohnräume und Lebensumstände:** Wohnungen, Häuser und
   Grundstücke aufgeben, die uns nicht mehr dienen; positive Lebensumstände anziehen, die uns Freude machen
   und uns helfen, inneren Frieden zu finden.

Im folgenden Abschnitt werde ich diese drei Hauptbereiche näher erläutern und Sie dann in der Meditation auf eine Reise in das Heiligtum von Akasha mitnehmen, wo sie an einem, zwei oder sogar an allen drei Bereichen arbeiten können.

Intime Beziehungen

Viele ziehen immer wieder ähnliche Partner an und verstehen nicht, warum das so ist. Wenn sie ihnen zum ersten Mal begegnen, spüren diese Menschen augenblicklich, dass die Verbindung sehr stark ist. Gar nicht so selten ist dann die Rede von einem Seelenpartner.

Aber der Begriff Seelenpartner stiftet meines Erachtens nur Verwirrung, besonders wenn die Beziehung sich schwierig gestaltet oder wenn der karmische Vertrag bereits erfüllt wurde. Häufig klammert man sich an einen Menschen, weil man überzeugt davon ist, dass er unersetzlich sei – und dies selbst dann, wenn die Beziehung längst schon zerstörerische Züge trägt.

Dann gibt es Fälle, in denen uns ein Mensch so lieb ist, dass das Herz schon schneller schlägt, wenn man nur seinen Namen hört. Aber dem anderen geht es vielleicht überhaupt nicht so. Ich sehe dank meiner Hellsichtigkeit häufig bei Klienten, dass jemand Bänder aussendet, um eine Verbindung herzustellen, der andere ihm jedoch den Rücken zuwendet. Die Lösung ist in solch einer Situation recht einfach: Gehen Sie weiter, denn Sie können das Herz eines anderen nicht umgarnen, wenn er dies nicht möchte. Sie können locken und verführen, aber letzten Endes werden auf derartige Weise geknüpfte Bänder Sie nur ersticken.

Meinem Verständnis nach gibt es Seelengruppen, also Gruppen von Energiezellen oder Menschen, die sich in bestimmten Leben in unserer Nähe inkarnieren oder die vom Leben zwischen den Leben aus über uns wachen.

In jeder Seelengruppe gibt es verschiedene Persönlichkeiten, und wenn eine Persönlichkeit aus solch einer Gruppe demselben Persönlichkeitstypus aus einer anderen Seelengruppe begegnet, denkt sie, dass sie zueinanderpassen, weil sie einander so ähnlich sind. Und damit beginnt die Verwirrung.

Dann werden in diesem Leben Bindungen geknüpft, Verträge geschlossen und Schwüre abgelegt, die im Widerspruch zu den Bindungen und Verträgen aus früheren Leben stehen. Das kann überaus irritierend sein und zu einem heillosen Durcheinander führen.

Die Akasha-Therapie ermöglicht es Ihnen, den anderen als das zu sehen, was er wirklich für Sie ist – und zwar ohne Geschichte, Emotionen und Egobeteiligung. Wenn Sie dann einmal erkannt haben, warum dieser Mensch tatsächlich in Ihrem Leben aufgetaucht ist, können Sie sich entscheiden, ob Sie die Beziehung aufrechterhalten wollen oder nicht.

Karens Bericht

Diese ganz erstaunliche Frau kam zu mir, weil sie die Beziehung zu ihrem Mann nicht lösen konnte, obwohl die beiden in Scheidung lebten und sie wusste, dass er nie zu ihr zurückkehren würde.

Ich führte sie in der Meditation über das gegenwärtige Leben in den Garten des Heiligtums und mithilfe ihrer geistigen Führer sah sie dort ihren Mann.

Als sie sich vor ihn setzte, half ich ihr, ihre geistigen Führer zu spüren, damit sie sich von ihnen unterstützt fühlte. Ich sagte ihr, dass sie ihrem Mann ihre Gefühle schildern und dann still zuhören solle, was er dazu zu sagen habe. Wenn man aus dem Herzen heraus spricht, sind die Reaktionen immer sehr sanft und behutsam, selbst wenn es sich um Dinge handelt, die man eigentlich nicht hören möchte. Karen erzählte mir, dass er ihr sagte, es sei vorbei und für ihn an der Zeit weiterzugehen. Ich bat sie, ihm und sich selbst zu vergeben, die Bindung zu lösen und die Verträge aufzulösen. Sie solle sich außerdem ein rotes Band vorstellen, das mit einer Schleife um sie beide gelegt sei. Dann bat ich sie, die Schleife zu öffnen, das Band zusammenzurollen und es ihrem Exmann zu übergeben. Während sie dies tat, strömten ihr Tränen über die Wangen, aber weder schluchzte noch weinte sie dabei. Diese Tränen waren nur Ausdruck der Gefühle, die aus ihr herausbrachen. Beide umarmten sich, und dann ging er. Ihre Führer legten ihr Band unter einen Baum, damit sie immer wissen würden, wo es sich befand.

Die Scheidung verlief völlig glatt, und wann immer eine Situation für Karen schwierig wurde, begab sie sich an diesen Ort des Friedens und der Ruhe und schickte der Situation Liebe. Nach einer Zeit der Heilung ging sie eine neue Beziehung ein, die sie noch mehr erfüllte als die alte.

Wenn es um Beziehungen aus früheren Leben geht, ist Vorsicht geboten. Manchmal treten Menschen aus früheren Existenzen in unser Leben und versuchen die Beziehung neu aufleben zu lassen. Es ist sehr wichtig, dass man dann achtsam ist und diesen Weg nicht einschlägt. In diesem Leben sollen Sie die Erfahrungen *dieser* Existenz sammeln. Es ist zwar wichtig, altes Karma und alte Bindungen aufzuarbeiten, aber es führt nur zu Verwirrung, wenn man sich der Nostalgie hingibt und eine altbekannte Liebesbeziehung erneut eingeht, nur weil man in einem früheren Leben schon einmal liiert war.

In vergangenen Existenzen haben wir bestimmte Rollen gespielt, aber diese Rollen mögen in diesem Leben nicht mehr angebracht sein. Wenn also jemand zu Ihnen sagt: »Sind wir uns nicht schon einmal in einem früheren Leben begegnet? Ich spüre nämlich eine Verbindung.«, dann lassen Sie sich besser nicht näher darauf ein.

Überfluss und Erfolg

Da wir in einer materiellen Welt leben, messen wir unseren Erfolg häufig an dem Reichtum, den wir haben oder hatten. Häufig trauern wir der Zeit nach, als wir das Leben im Überfluss genießen konnten und es uns an nichts mangelte. Geld, Macht und Gier sind häufig die größten und schmerzhaftesten Lektionen.

Diese Welt bietet Überfluss auf allen Ebenen, aber wenn wir nur auf das Finanzielle schauen, entgehen uns all die anderen wunderbaren Möglichkeiten, die uns das Leben bietet. In der Akasha-Therapie können Sie die Energie des Überflusses und Erfolgsflusses sehen. Sie können sehen, ob die Energie blockiert ist oder frei fließen kann.

Wenn ich mit Firmeninhabern arbeite, führe ich sie in der Meditation zu der Energie oder den Farben, die mit ihrer Firma in Zusammenhang stehen. Häufig sehen sie dann nur eine Farbe – wie zum Beispiel Rot – und nicht das volle Farbspektrum. Das zeigt mir, dass es ihnen am Regenbogenfluss mangelt, der Energie des Universums.

In einem Regenbogen verschmelzen alle Farben, um strahlend helles Licht zu erzeugen. Gewisse Firmen und Unternehmen strahlen auf diese Weise, während es anderen an Leuchtkraft mangelt. Wenn die Basis eines Unternehmens nur aus roter Chakra-Energie besteht, kann ich voraussagen, dass sich der Erfolg zwar sehr schnell einstellen, in der ersten Rezession aber alles wieder zusammenbrechen wird. Einem solchen Firmeninhaber rate ich für gewöhnlich, das Unternehmen auf eine solide, dreifache Basis zu stellen: Profit, Mensch und Planet.

Ist die Qualität der Energie chaotisch und das Unternehmen von Panik geprägt, taucht häufig als Indikator die Farbe Gelb auf. Dunkelgraue Schattierungen weisen darauf hin, dass das Unternehmen nicht mehr im Fluss ist und seine Identität verloren hat. Meiner Erfahrung nach zahlt eine solche Firma meist die Rechnungen nicht und fußt nur auf Erwartungen, nicht aber auf tatsächlichen Gewinnen.

Normalerweise werden solche Sachverhalte in der Akasha-Therapie geheilt. Ich führe die Klienten im Rahmen einer Sitzung dorthin, wo sie die alten Verträge und die Lektionen erforschen können, die sie in diesem Leben ursprünglich lernen wollen. Dann verstehen sie besser, warum das Geld kommt und geht. Sobald die Lektion einmal verstanden wurde, ist der Kampf dann häufig vorbei, und das Unternehmen kann auf eine solidere Basis gestellt werden.

Wohnraum und Lebensumstände

Viele Klienten bitten mich, ihnen zu helfen, ihre Häuser und Grundstücke zu verkaufen oder einen Wohnort zu verlassen, an dem sie sich nicht mehr wohlfühlen.

Sehr oft sind wir so lange an einen bestimmten Ort gebunden, bis wir das diesbezügliche Karma geklärt oder unsere Lektion gelernt haben. Jeder Betroffene kann Frieden mit seinem Wohnort schließen und sich vorstellen, dass er all seine Besitztümer in Umzugskartons verstaut und bereit zum Umzug ist. In der Akasha-Therapie visualisieren wir in solchen Fällen die gegenwärtige Wohnsituation und die heiligen Verträge und Bindungen, die dazugehören.

Diese sehr kraftvolle Affirmation setze ich bei Menschen ein, die bereits das Gefühl haben, für sich alles damit Zusammenhängende geklärt zu haben, und zum Aufbruch bereit sind:

Ich ziehe um.
Ich löse mich von dem Raum und dem Ort,
der mir nicht länger dient.
Ich bitte meine geistigen Führer,
mich auf meiner Reise zu etwas Neuem zu unterstützen,
das meinem Wohlbefinden
und meinem höchsten Wohl dient.
Ich packe meine Energie und meine weltlichen Besitztümer
in Kartons, damit ich sie mitnehmen kann.
Hiermit löse ich meinen Vertrag mit
(hier die Adresse einfügen) *auf*
und befreie mich davon.

Ich bitte die Akasha-Chronik,
diese Affirmation mit der Energie der Liebe
und des Friedens aufzubewahren.
So sei es.

Meditation über das gegenwärtige Leben

Ziehen Sie sich mit Ihrem Tagebuch an einen ruhigen Ort zurück, den Sie wie immer ein wenig zum Meditieren vorbereitet haben. Sorgen Sie in einer für Sie passenden Weise dafür, dass die dort vorherrschende Energie Ihnen ein Gefühl von Sicherheit gibt und Ihnen zu Klarheit verhilft.

Atmen Sie dann ein paar Mal tief durch und beginnen Sie mit der Meditation.

Jetzt werden wir die Akasha-Chronik öffnen und uns Ihr gegenwärtiges Leben anschauen.

Entspannen Sie sich und richten Sie Ihre Aufmerksamkeit auf Ihr Herz.

Stellen Sie sich vor, dass ein strahlendes Licht in Ihrem Herzen entflammt und sich im ganzen Körper ausbreitet.

Sehen Sie, wie das Licht den Unterkörper hinab in die Beine und durch die Füße in die Erde strömt.

Sehen Sie, wie Ihre Lichtwurzeln den Kristall von Gaia erreichen und sich mit ihm verbinden.

Sehen Sie, wie der Kristall funkelt und wie das Licht durch die Wurzeln in die Füße, Beine und den Körper hinauf zum Herzen strömt.

Sehen Sie, wie das Licht vom Herzen den Hals empor in Ihren Kopf strömt und wie es als Fontäne zum Himmel emporschießt und sich dort oben mit einem Stern verbindet.

Sehen Sie, wie das Licht zu Ihnen zurückkehrt und in Ihrem Herzen pulsiert. Das Licht, das Sie umgibt, ist wie eine Säule, die Himmel und Erde miteinander verbindet.

Konzentrieren Sie sich jetzt auf das Herz und lassen Sie es warm werden und erwachen.

Stellen Sie sich einen strahlenden fünfzackigen Stern im Herzen vor.

Öffnen Sie die fünf Zacken und lassen Sie die Herzenergie fließen, indem Sie sich an die glücklichsten Momente in Ihrem Leben erinnern.

Entspannen Sie sich weiter und lächeln Sie. Lassen Sie das Herz-Chakra durch die glücklichen Erinnerungen weit werden.

Senden Sie Licht und hüllen Sie den Stern darin ein.

Spüren Sie, wie die Schultern sinken, und spüren Sie den Frieden um sich herum.

Sehen Sie nun in der Mitte des Sterns eine kleine Flamme.

Lassen Sie sich in diese Flamme sinken.

Dies ist die Flamme der Umwandlung und Transformation. Sie löst alles Negative auf, läutert das Herz und schenkt Ihnen Klarheit.

Wärmen Sie sich an dieser Flamme und lächeln Sie dabei.

Schauen Sie nun nach unten und sehen Sie dort eine Perle – eine wunderschöne, durchscheinende, strahlende Perle.

Halten Sie die Perle in der Hand und senden Sie ihr Liebe. Ist es nicht erstaunlich, wie schön sie ist?

Dies ist Ihr Herz, Ihr göttliches Herz.

Ihre vollkommene Essenz, die geschaffen wurde, als Sie noch Sternenstaub waren.

Mit dieser Essenz können Sie sich nun verbinden und ihr Ihre Frage stellen.

Sie sind mit der Erde und dem Universum verbunden und zentriert in Ihrem göttlichen Herzen.

Nun ist es an der Zeit, Ihre heilige persönliche Akasha-Chronik zu öffnen.

Nun sind Sie wieder in der Bibliothek.

Sind irgendwelche Führer bei Ihnen?

Sehen Sie Ihr Buch auf dem Tisch liegen und schlagen Sie es mit der linken Hand auf. Sehen Sie, wie es in goldenem Licht erstrahlt.

Nun sehen Sie, wie mitten im Raum eine Tür erscheint, hinter der ein goldenes Licht leuchtet.

Gehen Sie zu dieser Tür.

Öffnen Sie sie und gehen Sie hindurch.

Nun sind Sie im Garten des Heiligtums.

Welche Blumen sehen Sie? Welche Farben haben die Schmetterlinge?

Nehmen Sie sich Zeit, um sich in Ihrem Heiligtum umzusehen. Atmen Sie. Sie sind in Sicherheit.

Schauen Sie jetzt zur anderen Seite des Gartens, von wo aus sich ein wunderschönes Licht auf Sie zubewegt.

Es ist der Wächter Ihrer persönlichen Akasha-Chronik und Ihr Beschützer.

Nehmen Sie sich genügend Zeit, um Kontakt mit diesem Führer aufzunehmen.

Fragen Sie ihn nach seiner Botschaft.

Empfangen Sie seine Gaben.

Wie sieht die Umgebung aus?

Wer ist noch bei Ihnen?

Schauen Sie sich nach den Sitzbänken im Garten um und gehen Sie hinüber. Dort sitzen Seelen, mit denen Sie Kontakt aufnehmen können.

Wie fühlen Sie sich?

Was geschieht?

Was haben Sie mit in dieses Heiligtum gebracht, damit Sie Klarheit darüber erlangen und es geheilt und geklärt wird?

Was müssen Sie tun?

Wem und was müssen Sie vergeben?

Vielleicht anderen, vielleicht ja auch sich selbst.

Legen Sie nun einen Rosenkreis an. Stellen Sie sich die Farben und die Düfte vor, die Ihnen stimmig erscheinen.

Stellen Sie sich zwei Stühle vor, einen für Sie und einen für die Person, mit der Sie Heilung suchen.

Sprechen Sie die Worte aus, die Sie loswerden müssen, senden Sie Ihrem Gegenüber Liebe und hören Sie ihm zu.

Lauschen Sie den Worten aus seinem Herzen, die die Wahrheit sprechen.

Atmen Sie tief und lösen Sie alle Bindungen, die Ihnen nicht mehr dienlich sind.

Lassen Sie die Situation los und gehen Sie in Ihrem Garten umher.

Sie entdecken eine Tafel an einer Wand, auf der Ihr gegenwärtiges Leben beschrieben wird.

Was fühlen Sie beim Lesen dieser Worte?

Möchten Sie etwas verändern?

Schreiben Sie mit Liebe und Frieden im Herzen.

Welche wichtige Lektion müssen Sie lernen und mit in Ihr jetziges Leben bringen?

Sehen Sie, wie die goldenen Blätter des Überflusses um Sie herum durch die Luft wirbeln.

Atmen Sie weiter und lächeln Sie Lichtenergie in Ihr Herz hinein.

Senden Sie dieser Aufgabe Liebe.

Lassen Sie sich dabei von Ihren höheren Geistführern helfen.

Wenn Sie fertig sind, sehen Sie wieder die Tür vor sich.

Gehen Sie durch die Tür.

Schließen Sie sie hinter sich.

Sie sind nun wieder in der Bibliothek.

Schließen Sie Ihre persönliche Akasha-Chronik.

Schauen Sie Ihre geistigen Führer an.

Wenn Sie bereit sind, kehren Sie mit einigen tiefen Atemzügen in die Gegenwart zurück.

Sehen Sie, wie das Licht oben und unten schwächer wird.

Spüren Sie dieses wunderbare Gefühl der Freude in Ihrem Herzen.

Erden Sie sich in dem Bewusstsein, dass Sie Klarheit gewonnen und Heilung erfahren haben.

Sollten Tränen in Ihnen aufsteigen, lassen Sie sie einfach fließen.

Entspannen Sie sich und bleiben Sie noch eine Weile in diesem heiligen Raum des Herzens.

Nehmen Sie sich nun wieder einen Augenblick Zeit, um die wichtigsten Punkte des Erlebten aufzuschreiben:

• Was haben Sie gesehen?
• Wer war bei Ihnen?
• Was haben Sie gefühlt?
• Was haben Sie geheilt?
• Was haben Sie gelernt?

- Was haben Sie losgelassen und geklärt?
- Was haben Sie im Hinblick auf Ihr gegenwärtiges Leben akzeptiert?
- Was hat sich für Sie geklärt?

Das Leben zwischen den Leben in der Akasha-Therapie

Wenn wir davon ausgehen, dass wir aus Energie bestehen, dann können wir uns unsere Seele als die dazugehörige Batterie vorstellen. Stirbt unser physischer Körper, so verlässt ihn diese Batterie und strömt zurück zur Quelle des Lebens.

Das Leben zwischen den Leben ist die Sphäre, in der sich die Seelen regenerieren. Dies zu wissen bringt großen Trost mit sich, da man dann versteht, dass wir alle irgendwo hingehen, wenn wir diese Welt verlassen. Wir begeben uns nämlich in eine Welt, in der unsere Seelen jene Lektionen planen, jene Verträge abschließen und jenes Karma erschaffen, mit und an denen sie im nächsten Leben arbeiten werden.

Sie können diese Welt zwischen den irdischen Existenzen aufsuchen, um den Sinn Ihres Lebens auf der Erde und innerhalb des Universums besser zu verstehen. Zurzeit ist es die Regel, dass die Seelen bei ihrer Rückkehr zur Erde die früheren Leben vergessen – auch wenn gewisse Menschen sich sehr wohl noch daran erinnern können. Für mich hat bereits das Wissen, dass die Akasha-Chronik existiert und dass man sich mit ihrer Hilfe rückbesinnen kann, zum Erwachen eines neuen Bewusstseins geführt. Heute, da die Spiritualität sich weiterentwickelt hat, erinnern sich immer mehr Menschen an das, was wesentlich ist, und sind sich bewusst, wie bewundernswert das Universum und all die fantastischen Energien sind, die uns umgeben.

Meine erste Sitzung zum Thema Leben zwischen den Leben war bemerkenswert. Zu dieser Zeit saugte ich die unterschiedlichsten spirituellen Erfahrungen auf wie ein Schwamm und verschlang alle möglichen Bücher, Seminarinhalte und Ansätze. So ging ich schließlich auch zu einer Rückführung und war dabei vollkommen entspannt. Die Sitzung wurde mithilfe von Hypnotherapie durchgeführt. Heute lässt sich das dank der Meditation auf das göttliche Herz und der Akasha-Therapie viel einfacher und schneller erreichen.

Für meine Rückführung bei einer sehr begabten Therapeutin namens Kate benutzten wir die Rückwärtszählmethode, die den Verstand zur Ruhe bringt. Als meine Gedanken langsam in den Hintergrund traten, fand ich mich durch die geführte Visualisierungsübung schwebend wieder.

Zu meiner Überraschung war ich plötzlich in einem Raum, der wie ein Amphitheater aussah. Ich stand vor drei großen Bildschirmen und trug eine schimmernde weiße Robe. Um mich herum war alles sehr sauber und ordentlich, aber irgendwie nicht ganz zu greifen. Da begann ich, Bilder auf den Bildschirmen zu sehen.

Kate fragte mich, was ich sah.

»Ich sehe mich auf meiner letzten Reise nach Ägypten. Ich leite eine kleine Gruppe, wir sind bei den Pyramiden von Giseh«, erwiderte ich.

Aber plötzlich sah ich mich auch auf dem zweiten und

dritten Bildschirm. Ich beobachtete dasselbe Ereignis aus drei Blickwinkeln: aus meinem, dem der Schüler und dem kosmischen. Dies war wahrlich ein Moment, um innezuhalten und zu reflektieren. Ich erkannte, dass wir, wenn wir von der erdgebundenen Erfahrungswelt in die anderer Dimensionen eintreten, alle Realitäten gleichzeitig wahrnehmen können.

Ich konnte sehen, wo ich die Diskussion hätte verlangsamen sollen, und auch, wo ich mehr Mitgefühl hätte zeigen können. Das führte dazu, dass ich später in meiner Lehrtätigkeit sehr viel vorsichtiger wurde, weil man dasselbe Ereignis immer von verschiedenen Blickwinkeln aus betrachten kann.

Kate führte mich geschickt durch diese Erfahrung und schließlich von den Bildschirmen weg. Ich hätte nichts dagegen gehabt, mir die Szenen den ganzen Tag lang weiter anzuschauen. Aber die Zeit war gekommen, zur nächsten Phase der Rückführung überzugehen. Als wir zu einer stählernen Tür kamen, tauchte wie aus dem Nichts plötzlich Kates Geist neben mir auf. Was mich überraschte, war, dass er ihr überhaupt nicht ähnlich sah, sich aber nach ihr anfühlte.

Die Tür öffnete sich, wir traten ein, und ich sah meine Version der Akasha-Bibliothek. Die Wände waren in dunkler Eiche getäfelt und der Fußboden mit schwarz-weißen Fliesen ausgelegt. Kerzen erhellten den ganzen Raum. Auf den Tischen lagen Bücher, aber ich wagte nicht hineinzuschauen. Aus irgendeinem Grund hatte ich damals das Gefühl, dass mir der Zugangscode zu diesen Büchern noch nicht gegeben worden war und dass sie mir deshalb noch nicht gehörten.

Ich ging ein wenig im Raum umher und spürte, dass Kate ungeduldig wurde. Daher beschloss ich, in meine Welt zurückzukehren. Ich zeigte ihr, dass ich genug hatte. Ich kam mit einer klaren Vision und einem deutlichen Gefühl dieses Ortes zurück und fragte Kate, wie es ihr ging.

»Erinnerst du dich, als du durch die Tür in die Bibliothek gegangen bist?«

»Ja«, antwortete ich.

»Also, da überkam mich plötzlich eine Erinnerung«, meinte sie.

Das kann manchmal passieren, wenn man merkt, dass man mit dem Klienten auf karmische Weise verbunden ist.

»Nun«, fuhr sie fort, »es hat etwas mit unserer ersten Begegnung zu tun. Erinnerst du dich, dass ich mich zuerst in deiner Gegenwart nicht wohlgefühlt habe?«

»Erzähl bitte weiter«, forderte ich sie auf.

Bitte lass sie nicht sagen, dass ich die Bibliothek niedergebrannt habe oder Schlimmeres, dachte ich.

Sie erzählte weiter, dass ihre Aufgabe früher darin bestanden habe, jenen Seelen, die mit ihren Führern hierher kamen, um sich die Aufzeichnungen anzuschauen, die Bücher zu bringen. Dann sagte sie, dass sie die Bücher vor allem auch für mich geholt, sie mir gebracht und an der Tür überreicht habe.

»Und du hast da an diesem riesigen Schreibtisch gesessen und sie geprüft. Und dann, meine Liebe ...« Ihre Stimme fing an sich zu überschlagen. »Du hast mich zurückgeschickt und mir gesagt, ich solle mehr und detailliertere Informationen über das nächste Leben bringen! Hast du überhaupt eine Ahnung, wie viel wir an manchen Tagen zu bewältigen hatten?«, jammerte sie weiter. »Aber nein, es hieß immer nur: mehr Einzelheiten, mehr Heilung«, fuhr sie fort. »Ich dachte, ich wäre auf die Erde gekommen, um mich etwas zu erholen, aber nein, jetzt bist du wieder da und lässt mich wieder für dich arbeiten.«

Wir saßen einen Augenblick lang still da, dann sah ich sie an und flüsterte: »Es tut mir so leid.«

Ich bat sie um Vergebung, und wir beide lachten, so wie es Frauen für gewöhnlich tun, wenn sie schwesterliche Zuneigung füreinander empfinden.

»Ich verspreche dir, nächstes Mal geduldiger zu sein«, sagte ich.

Das war ein großartiger Weckruf und eine wunderbare Erkenntnis der Rolle, die meine Seele im größeren Zusammenhang des Lebens spielt.

Georges Bericht

Als ich mit George arbeitete, sahen wir uns sein Lebensmuster an, das von Machthunger, Gier und seinem Ego bestimmt war. Er war in der Geschäftswelt sehr erfolgreich, aber regelmäßig – etwa alle zehn Jahre – entwickelten sich die Dinge dann immer wieder so, dass er kurz davor stand, alles zu verlieren. Es blieb ihm für gewöhnlich nichts anderes übrig, als sich mit aller Anstrengung zurückzukämpfen, was den unangenehmen Nebeneffekt hatte, dass seine Beziehungen ein einziges Chaos waren. Da sich dies mittlerweile schon drei Mal in ähnlicher Form ereignet hatte, war es ihm ein großes Anliegen, seinem Leben endlich eine neue Richtung zu geben.

Zuerst sahen wir uns seine früheren Leben an, entdeckten aber nichts, was mit diesem Muster zu tun haben könnte. Er hatte viele Leben als Krieger verbracht, und gemeinsam begaben wir uns auf einige erstaunliche »Akasha-Reisen« durch das alte

Rom und das antike Griechenland. Auch ein Leben als Pirat in der Karibik war darunter. Aber der rote Faden oder der gemeinsame Nenner blieb uns vorerst verborgen.

In einer nächsten Sitzung wollten wir uns sein Leben zwischen den Leben ansehen und in den Büchern lesen oder uns anschauen, was auf den Bildschirmen zu sehen sein würde. George hatte seine Vorbehalte gegenüber Schäfchenwolken, dennoch erklärte er sich bereit mitzumachen:

Wir gingen durch den Garten seines Heiligtums und schwebten auf der Wolke, bis wir zu dem Tor gelangten. Dort wartete schon sein Führer auf ihn, den wir aus früheren Sitzungen bereits kannten.

Zuerst schauten wir uns die Bildschirme an und sahen darauf eine Schlacht und ein ganzes Heer von Kämpfern. Ich beeinflusste ihn dahin gehend, dass er dem Bildschirm, auf dem der kosmische Blickwinkel zu sehen war, besondere Beachtung schenkte. Wir konnten die Erregung auf den Gesichtern der Soldaten sehen und spüren; wir konnten ihre Erleichterung fühlen, wenn sie fielen, und wir beobachteten, wie sich ihre Seelen aus den toten Körpern erhoben.

Der geistige Führer trat neben uns, und ich fragte, wer die andere Gestalt sei, die zu uns gekommen war. »Michael«, erwiderte er. Da verstand ich die Botschaft. George hatte offenbar in der Gefolgschaft von Erzengel Michael gearbeitet, welche die Krieger auf der irdischen Ebene beschützt und unterstützt. George beschrieb, was er noch sah, und dann sagte er etwas Interessantes: Er sprach von einem Ehrenkodex, demzufolge der karmische Pfad eines Kriegers darin bestehen würde, zu siegen oder auf dem Schlachtfeld zu sterben.

Das war der Schlüssel und das entscheidende Element, nach dem wir so lange gesucht hatten. Wir blieben am Ball. Ich bat

George, sich weiter zu entspannen, und wir legten ihm das Papier vor, auf dem der Ehrenkodex niedergeschrieben war. Ich bat Erzengel Michael, George zu erklären, was es für den Geist und das Herz bedeutet, ein Krieger zu sein.

George hörte seine Botschaft, die viele Leben lang nicht zu ihm durchgedrungen war. George hatte vor langer Zeit einen ehrenvollen Vertrag unterschrieben, der ihn verpflichtete, alle Krieger zu unterstützen. Aber nach so vielen Leben des Tötens hatte sich großes Karma angesammelt, das er von einem Leben ins nächste mitgenommen hatte, ohne es jemals aufgelöst zu haben. Georges Herz hatte ihm stets gesagt, dass er sicher sei und Vertrauen haben solle. Weil George dies aber nicht glauben konnte und gewissermaßen bis zum Äußersten austesten wollte, kam es immer wieder zu diesen Beinahe-Zusammenbrüchen. Erst als die Situation wirklich kritisch geworden war, hatte sich George auf den Weg gemacht, um Hilfe zu erbitten.

Schließlich bat ich George, den Kodex neu zu formulieren und Klarheit, Liebe, Ehre und Heilung hineinzuschreiben. Danach dankten wir seinen geistigen Führern, und er kehrte in sein jetziges Leben zurück. George fühlte sich erleichtert und, wie er bemerkte, viel freier. Er hatte seine persönlichen wie geschäftlichen Beziehungen mächtig ins Chaos gestürzt; hatte andere Menschen gezwungen, um ihre Verträge zu kämpfen, und sie gnadenlos fallen gelassen, wenn ihnen das nicht gelang. All das konnte er nun sehen und sich eine neue Einstellung gegenüber dem Thema »Verträge« aufbauen. Wir lachten darüber, wie lange er dieses alte Muster offenbar beibehalten und gelebt hatte.

Meditation über das Leben zwischen den Leben

Begeben Sie sich mit Ihrem Tagebuch an einen ruhigen Ort, den Sie wieder ein wenig zum Meditieren vorbereitet haben. Sorgen Sie wie sonst auch in einer für Sie passenden Weise dafür, dass die dort vorherrschende Energie Ihnen ein Gefühl von Sicherheit gibt und Ihnen zu Klarheit verhilft.

Atmen Sie ein paar Mal tief durch und beginnen Sie dann mit der Meditation.

Jetzt werden wir die Akasha-Chronik öffnen und uns das Leben zwischen Ihren Leben anschauen.

Entspannen Sie sich und richten Sie Ihre Aufmerksamkeit auf Ihr Herz.

Stellen Sie sich vor, dass ein strahlendes Licht in Ihrem Herzen entflammt und sich im ganzen Körper ausbreitet.

Sehen Sie, wie das Licht den Unterkörper hinab in die Beine und durch die Füße in die Erde strömt.

Sehen Sie, wie Ihre Lichtwurzeln den Kristall von Gaia erreichen und sich mit ihm verbinden.

Sehen Sie, wie der Kristall funkelt und wie das Licht durch die Wurzeln in die Füße, Beine und den Körper hinauf zum Herzen strömt.

Sehen Sie, wie das Licht vom Herzen den Hals empor in Ihren Kopf strömt und wie es als Fontäne zum Himmel emporschießt und sich dort oben mit einem Stern verbindet.

Sehen Sie, wie das Licht zu Ihnen zurückkehrt und in Ihrem Herzen pulsiert. Das Licht, das Sie umgibt, ist wie eine Säule, die Himmel und Erde miteinander verbindet.

Konzentrieren Sie sich jetzt auf das Herz und lassen Sie es warm werden und erwachen.

Stellen Sie sich einen strahlenden fünfzackigen Stern im Herzen vor.

Öffnen Sie die fünf Zacken und lassen Sie die Herzenergie fließen, indem Sie sich an die glücklichsten Momente in Ihrem Leben erinnern.

Entspannen Sie sich weiter und lächeln Sie. Lassen Sie das Herz-Chakra durch die glücklichen Erinnerungen weit werden.

Senden Sie Licht und hüllen Sie den Stern darin ein.

Spüren Sie, wie die Schultern sinken, und spüren Sie den Frieden um sich herum.

Sehen Sie nun in der Mitte des Sterns eine kleine Flamme.

Lassen Sie sich in diese Flamme sinken.

Dies ist die Flamme der Umwandlung und Transformation. Sie löst alles Negative auf, läutert das Herz und schenkt Ihnen Klarheit.

Wärmen Sie sich an dieser Flamme und lächeln Sie dabei.

Schauen Sie nun nach unten und sehen Sie dort eine Perle – eine wunderschöne, durchscheinende, strahlende Perle.

Halten Sie die Perle in der Hand und senden Sie ihr Liebe. Ist es nicht erstaunlich, wie schön sie ist?

Dies ist Ihr Herz, Ihr göttliches Herz.

Ihre vollkommene Essenz, die geschaffen wurde, als Sie noch Sternenstaub waren.

Mit dieser Essenz können Sie sich nun verbinden und ihr Ihre Frage stellen.

Sie sind mit der Erde und dem Universum verbunden und zentriert in Ihrem göttlichen Herzen.

Nun ist es an der Zeit, Ihre heiligen, persönlichen Aufzeichnungen in der Akasha-Chronik zu öffnen.

Bitten Sie darum, das Leben zwischen den Leben aufsuchen zu dürfen.

Bitte Sie darum, dass Ihnen Zugang zu dem Wissen gewährt werden möge, das jenseits der Dimensionen liegt.

Nun sind Sie wieder in der Bibliothek.

Sind irgendwelche Führer bei Ihnen?

Sehen Sie Ihr Buch auf dem Tisch liegen und schlagen Sie es mit der linken Hand auf. Sehen Sie, wie es in goldenem Licht erstrahlt.

Mitten im Raum erscheint eine Tür, hinter der ein goldenes Licht leuchtet.

Gehen Sie zu dieser Tür.

Öffnen Sie sie und gehen Sie hindurch.

Wenn Sie so weit sind, schauen Sie nach oben und sehen Sie, wie Wolken aufziehen.

Schweben Sie auf die Wolke Ihrer Wahl zu.

Stellen Sie sich einfach vor, Sie würden schweben.

Wenn Sie im blauen Himmel angekommen sind, sehen Sie, dass andere Wolken eine Brücke bilden.

Gehen Sie über diese Brücke.

Vor sich sehen Sie ein Tor mit Ihrem Namen darauf.

Dort angekommen, ergreifen Sie die Klinke mit Ihrer linken Hand.

Treten Sie in die Welt der Leben zwischen den Leben ein und schauen Sie sich um.

Wie sieht die Umgebung aus?

Wer ist noch bei Ihnen?

Wie fühlen Sie sich?

Was geschieht?

Was haben Sie mit in diese Welt gebracht, damit Sie Klarheit darüber erlangen und es geheilt und geklärt wird?

Welche Rolle spielen Sie hier?

Was ist Ihre Aufgabe?

Über wen auf Erden wachen Sie von hier aus?

Drehen Sie sich nun um und sehen Sie vor sich eine Art Kontrollraum.

Schauen Sie sich Ihre drei Bildschirme an.

Welche Bilder sehen Sie?

Welche Lektionen müssen Sie in diesem Leben lernen?

Was müssen Sie tun?

Wem und was müssen Sie vergeben?

Welche wichtige Lektion müssen Sie lernen und mit in Ihr jetziges Leben bringen?

Atmen Sie weiter tief und entspannt und lächeln Sie Lichtenergie in Ihr Herz hinein.

Senden Sie dieser Aufgabe Liebe.

Wenn Sie fertig sind, sehen Sie wieder das Tor vor sich.

Gehen Sie durch das Tor.

Schließen Sie es hinter sich.

Sie sind nun wieder in der Bibliothek.

Schließen Sie Ihre persönliche Akasha-Chronik.

Schauen Sie Ihre geistigen Führer an.

Wenn Sie bereit sind, kehren Sie mit einigen tiefen Atemzügen in die Gegenwart zurück.

Sehen Sie, wie das Licht oben und unten schwächer wird.

Spüren Sie dieses wunderbare Gefühl der Freude in Ihrem Herzen?

Erden Sie sich in dem Bewusstsein, dass Sie Klarheit gewonnen und Heilung erfahren haben.

Sollten Tränen in Ihnen aufsteigen, lassen Sie sie einfach fließen.

Entspannen Sie sich und bleiben Sie noch eine Weile in diesem heiligen Raum des Herzens.

Nehmen Sie sich nun wie gewohnt einen Augenblick Zeit, um die wichtigsten Punkte des Erlebten aufzuschreiben:

- Was haben Sie gesehen?
- Wer war bei Ihnen?
- Was war Ihre Rolle? Was war Ihre Aufgabe?
- Über wen haben Sie gewacht?
- Was haben Sie gefühlt?
- Was haben Sie geheilt?
- Was haben Sie gelernt und über sich selbst herausgefunden?
- Was haben Sie losgelassen und bereinigt?
- Was hat sich für Sie geklärt?
- Was haben Sie über den göttlich bestimmten Sinn Ihres Lebens herausgefunden?

Die Zukunft in der Akasha-Therapie

Jeder weiß, dass die Zeit stetig voranschreitet, und viele möchten nur zu gerne wissen, was wohl die Zukunft für sie bereithält. In der Akasha-Therapie können wir zwei Aspekte bzw. zwei Zeitachsen der Zukunft erforschen.

Die erste Zeitachse spielt sich innerhalb des gegenwärtigen Lebens ab. Wir können herausfinden, welche Lerninhalte, spirituellen Lehrer und geistigen Führer auf uns warten. Sie können der Zukunft dann in dem Wissen darüber entgegengehen, welche Dinge Sie manifestieren werden. Auf dieser Basis können Sie entscheiden, welche Veränderungen Sie vornehmen möchten, damit sich Freude und Frieden in Ihrem Leben manifestieren.

Auf der zweiten Zeitachse können Sie in zukünftige Leben reisen und entweder ein Leben voller Freude oder Zerstörung sehen. Dieses Wissen wird Sie dazu bewegen, anders zu handeln, und Sie können ein Bewusstsein größerer Verantwortlichkeit erlangen.

Im Lauf vieler Reisen nach Ägypten hatte meine Gruppe etliche frühere Leben aufgearbeitet. Meine Arbeit veränderte sich langsam, weil auf einmal viele Klienten zu mir kamen, die etwas über ihre Zukunft in Erfahrung bringen wollten. Manche wollten wissen, wer ihre geistigen Führer sein würden und wie weit sie selbst in Zukunft auf ihrem spirituellen Entwicklungsweg vorangekommen sein würden.

Nigels Bericht

Nigel war ein treuer Freund, der viele Male mit mir nach Ägypten gereist war und heute Gruppen nach Nepal und in den Himalaja führt. Er ist eine wunderschöne Seele und hat tatsächlich auch das Aussehen und die Ausstrahlung eines modernen Buddhas.

Auf seiner ersten Ägyptenreise arbeitete er gemeinsam mit anderen sein Karma auf und wurde sich seiner wahren inneren Kraft bewusst. Sein Leben war ausgeglichen, und er hatte einen guten Job. Aber er spürte, dass er noch etwas anderes zu tun hatte. Eines Tages kam er zu mir, um mich zu fragen, ob ich nicht mit ihm auf der Zeitachse in die Zukunft dieses oder des nächsten Lebens reisen könnte.

Da ich darin geübt war, Dinge aus räumlicher und zeitlicher

Distanz zu betrachten, wusste ich, dass die Zeit einer Leiter gleicht, die man hinauf- oder hinabsteigen kann, um Informationen zu sammeln. Wenn in der Akasha-Chronik Informationen über Vergangenheit und Gegenwart gespeichert sind, dann mussten dort auch Informationen über die Zukunft zu finden sein.

Wir traten in die Meditation des göttlichen Herzens ein und klärten ein karmisches Thema, auf das wir stießen. Statt dann direkt in die Bibliothek zu gehen, stiegen wir in den Fahrstuhl. Im Innern der Kabine war es sehr hell, und Nigel hatte über hundert Stockwerke, zwischen denen er sich entscheiden konnte. (Später wurde mir klar, dass es sich dabei um Dimensionen handelte.) Er drückte einen Knopf, und wir warteten gespannt darauf, dass sich die Fahrstuhltür wieder öffnen würde. Als sie aufging, erschrak ich zunächst, denn wir sahen einen alten Chinesen in einer roten Robe vor uns.

Nigel lächelte nur und beschrieb mir den weisen alten Chinesen. Dann stieg er aus dem Fahrstuhl aus und ging auf einen großen Tisch im chinesischen Stil zu. Auf dem Tisch lagen ein Buch und eine Schriftrolle. Nigel erklärte mir, dass ihm die Schriftrolle gehörte, und dass er nach China gehen würde, um sie zu finden, da sie eine Botschaft für ihn enthielt.

Er blätterte in dem Buch, und als ich ihn in diesem Zustand sah, nahm ich einen Glanz um ihn herum wahr, eine Aura des Friedens und der Vollkommenheit. Er erzählte mir, dass dieses Buch einer seiner nächsten Führer und der Chinese einer seiner Lehrer sein würde. Er bat darum, mit seinem Lehrer meditieren zu dürfen und von ihm unterwiesen zu werden, da es sein Wunsch war zu lernen. Ich war von der heiteren Ruhe dieses Moments überwältigt und fühlte mich geehrt, dabei sein zu dürfen. Ich entschied mich, nicht näher hinzuschauen, sondern alles aus respektvoller Entfernung zu beobachten.

Also saß ich still da und wartete. Nach einer Weile zeigte Nigel mir an, dass er bereit war zu gehen. Ich führte ihn zurück zum Fahrstuhl, wir fuhren ins Erdgeschoss und kehrten ins Hier und Jetzt zurück.

Nach der Sitzung war er ganz begeistert.

»Weißt du«, sagte ich, »ich habe einen Mann wie Konfuzius gesehen, einen Weisen, aber ich bin mir nicht ganz sicher.«

Er lachte, als er sagte: »Ja, das ist mein neuer Lehrer, und er hat Informationen für mich. Deshalb haben wir einen Blick in die Zukunft geworfen.«

Ein paar Wochen später rief mich Nigel an und erzählte mir, dass er seiner alten Nachbarin am Vortag geholfen hatte und dass diese einen chinesischen Neffen habe. Im Gespräch stellte sich heraus, dass sie Nachfahren des Konfuzius waren und einige der alten Bücher hüteten. Wenn Nigel es wünschte, würde er Kontakt zu diesem Mann aufnehmen dürfen, dessen Weisheit und Energie die Zahl seiner Jahre bei Weitem überstieg.

Ist das nicht göttlich?

Ich finde es einfach fabelhaft, dass eine Vorausschau mithilfe der Akasha-Therapie Menschen tatsächlich dabei helfen kann, die auf sie zukommenden Lektionen oder die geistigen Führer zu bestimmen, mit denen sie zukünftig zusammenarbeiten werden. Mir wurde die Methode des Fahrstuhls speziell dafür eingegeben, ihnen behilflich zu sein, die Zukunft und andere Dimensionen bereisen zu können.

Manchmal erschaffe ich eine Botschaft in Form einer Reklametafel oder eines großen Zeichens, um meinen Klienten bestimmte Worte oder wichtige Auskünfte näherzubringen. Jene Menschen, die nicht visuell veranlagt sind, hören nur das Wort oder spüren das ihm zugrunde liegende Gefühl.

Dadurch werden hohe Lichtfrequenzen in die Zukunft und in die zukünftigen Leben projiziert.

Sitzungen, in denen es um die Zukunft geht, stellen auch eine wunderbare Möglichkeit dar, positive Absichten in der Zukunft zu verankern.

Ich muss an dieser Stelle aber auf eines hinweisen: Wenn Sie um Frieden bitten, aber selbst im Chaos leben, dann muss sich etwas ändern. Und diese Veränderung muss immer bei Ihnen selbst beginnen. Meine Hauptregel lautet daher auch: »Setzen Sie zuerst Ihre eigene Sauerstoffmaske auf, bevor Sie anderen helfen.«

Der Blick in die Zukunft hat schon vielen meiner Freunde in dieser Zeit des Wandels geholfen. Die Energien und Schwingungen, die uns umgeben, verändern sich, und wir verändern uns mit ihnen. Das stellt eine Herausforderung für unser Ego und unseren Verstand dar. Ich sehe, wie kompetente, wunderbare Menschen Beziehungen beenden oder Pleite machen, sich aber trotzdem eine positive Einstellung bewahren. Sie gehen gestärkt aus diesen Entwicklungsprozessen hervor und manifestieren schließlich größeres Glück in ihrem Leben.

Sobald Sie Ihre eigene Vision klar vor Augen haben und wissen, worin Ihre unverwechselbare Seelenaufgabe liegt, wird alles andere nur noch Kleinkram sein. Wenn Sie sich auf dem spirituellen Weg befinden, dann sind die Rollen, die Sie spielen, die Beziehungen, die Sie eingehen, und die Berufe, die Sie ausüben, nichts weiter als Möglichkeiten, um selbst etwas zu lernen oder auch um andere etwas zu lehren.

Der Blick in die Zukunft kann auch ein Weckruf sein, der Sie zum Handeln auffordert oder Sie ganz neu motiviert. Es waren Menschen bei mir, die alt geworden sind, ohne dass sie ihre Vision verwirklicht hätten. Das kann sehr frustrierend sein. Aber es ist weniger wichtig, was geschehen ist, sondern vielmehr, wie wir es umschreiben und ein somit gutes Leben für alle manifestieren können.

Oft wird mir die Frage gestellt, ob das Karma aus diesem Leben wohl ins nächste übertragen wird. Viele Klienten spüren nämlich, dass das Drama aus einem früheren Leben sich in ihrem jetzigen schlicht fortsetzt. Da sich aber die Energie des Planeten ändert, wartet das Karma meiner Ansicht nach nicht mehr so lange. Es kehrt bereits in diesem Leben zu uns zurück, damit wir es gleich im Hier und Jetzt ausgleichen.

Viele Lehrer haben es schon prophezeit, dass dieses Leben für manche Seelen bereits die letzte Inkarnation sein wird. Endlich können sie das »Rad des Lebens« verlassen. Das letzte Leben, bevor der Betroffene aufsteigt, wird auch als »goldenes Leben« bezeichnet. Danach, so wurde mir gesagt, können Seelen mit dieser hohen Schwingungsfrequenz in ihr Energiefeld, zu ihrer Seelengruppe oder ihrem Seelenstern zurückkehren.

Ein spirituell weit fortgeschrittener Klient war seit vielen Jahren auf dem Weg zur Erleuchtung. Er hatte heilige Stätten aufgesucht, viele Bücher gelesen und über den Sinn des Lebens meditiert. Ich fühlte mich geehrt, dass ich mit Bruce an dessen Frage nach einem zukünftigen Leben und seiner Aufgabe darin arbeiten durfte.

Bruce' Bericht

Die Arbeit, die wir auf Roatán gemeinsam gemacht haben, hat mich nachhaltig beeindruckt. Auf jener Reise öffnete ich mich der Möglichkeit des interdimensionalen Reisens auf eine Weise, wie ich sie noch nie erlebt hatte. Ich lernte auch eine Fähigkeit an mir kennen, von der ich nicht gewusst hatte, dass es sie überhaupt gibt – ganz zu schweigen davon, dass ich sie besitzen sollte.

In gewisser Weise erschütterte mich diese Reise in meinen Grundfesten, sodass ich die Richtung infrage stellte, die ich eingeschlagen hatte. Es war einfach überwältigend, als mir bewusst wurde, welchen Einfluss ich auf andere haben konnte. Die Reise half mir, die Möglichkeiten, die wir haben, aus einem neuen Blickwinkel zu betrachten. Ich erhielt auch einen Einblick in meine eigenen Fähigkeiten als Wesen jenseits dieser dreidimensionalen Welt. Nach einer Zeit der Reflexion fühle ich mich nun wohl damit, diesen Aspekt der Lebensreise wieder auszuleben – aber mit einer gehörigen Portion Achtsamkeit und Mitgefühl.

Meditation über das zukünftige Leben

Begeben Sie sich mit Ihrem Tagebuch an einen ruhigen Ort, den Sie ein wenig zum Meditieren vorbereitet haben. Sorgen Sie dafür, dass die dort vorherrschende Energie Ihnen ein Gefühl von Sicherheit gibt und Ihnen zu Klarheit verhilft.

Atmen Sie ein paar Mal tief durch und beginnen Sie dann mit der Meditation.

Jetzt werden wir die Akasha-Chronik öffnen und uns ein zukünftiges Leben anschauen.

Entspannen Sie sich und richten Sie Ihre Aufmerksamkeit auf Ihr Herz.

Stellen Sie sich vor, dass ein strahlendes Licht in Ihrem Herzen entflammt und sich im ganzen Körper ausbreitet.

Sehen Sie, wie das Licht den Unterkörper hinab in die Beine und durch die Füße in die Erde strömt.

Sehen Sie, wie Ihre Lichtwurzeln den Kristall von Gaia erreichen und sich mit ihm verbinden.

Sehen Sie, wie der Kristall funkelt und wie das Licht durch die Wurzeln in die Füße, Beine und den Körper hinauf zum Herzen strömt.

Sehen Sie, wie das Licht vom Herzen den Hals empor in Ihren Kopf strömt und wie es wie eine Fontäne zum Himmel emporschießt und sich dort oben mit einem Stern verbindet.

Sehen Sie, wie das Licht zu Ihnen zurückkehrt und in Ihrem Herzen pulsiert. Das Licht, das Sie umgibt, ist wie eine Säule, die Himmel und Erde miteinander verbindet.

Konzentrieren Sie sich jetzt auf das Herz und lassen Sie es warm werden und erwachen.

Stellen Sie sich einen strahlenden fünfzackigen Stern im Herzen vor.

Öffnen Sie die fünf Zacken und lassen Sie die Herzenergie fließen, indem Sie sich an die glücklichsten Momente in Ihrem Leben erinnern.

Entspannen Sie sich weiter und lächeln Sie. Lassen Sie das Herz-Chakra durch die glücklichen Erinnerungen weit werden.

Senden Sie Licht und hüllen Sie den Stern darin ein.

Spüren Sie, wie die Schultern sinken, und spüren Sie den Frieden um sich herum.

Sehen Sie nun in der Mitte des Sterns eine kleine Flamme.

Lassen Sie sich in diese Flamme sinken.

Dies ist die Flamme der Umwandlung und Transformation. Sie löst alles Negative auf, läutert das Herz und schenkt Ihnen Klarheit.

Wärmen Sie sich an dieser Flamme und lächeln Sie dabei.

Schauen Sie nun nach unten und sehen Sie dort eine Perle – eine wunderschöne, durchscheinende, strahlende Perle.

Halten Sie die Perle in der Hand und senden Sie ihr Liebe. Ist es nicht erstaunlich, wie schön sie ist?

Dies ist Ihr Herz, Ihr göttliches Herz.

Ihre vollkommene Essenz, die geschaffen wurde, als Sie noch Sternenstaub waren.

Mit dieser Essenz können Sie sich nun verbinden und ihr Ihre Frage stellen.

Sie sind mit der Erde und dem Universum verbunden und zentriert in Ihrem göttlichen Herzen.

Nun ist es an der Zeit, Ihre heilige persönliche Akasha-Chronik zu öffnen.

Bitten Sie darum, in die Zukunft schauen zu dürfen.

Bitten Sie darum, dass Ihnen Zugang zu einem Wissen gewährt werden möge, das jenseits der Dimensionen liegt.

Nun sind Sie wieder in der Bibliothek.

Sind geistige Führer bei Ihnen?

Sehen Sie Ihr Buch auf dem Tisch liegen und schlagen Sie es mit der linken Hand auf. Es erstrahlt in goldenem Licht.

Nun sehen Sie, wie mitten im Raum eine Tür erscheint, hinter der ein goldenes Licht leuchtet.

Gehen Sie zu dieser Tür.

Öffnen Sie sie und gehen Sie hindurch.

Wenn Sie bereit sind, schauen Sie sich im Raum um, bis Sie einen Fahrstuhl entdecken.

Gehen Sie zum Fahrstuhl hinüber.

Dort angekommen, bleiben Sie stehen und sehen einen Knopf vor sich.

Drücken Sie ihn mit der linken Hand.

Wenn sich die Tür öffnet, treten Sie in die Kabine, und schauen Sie, wie viele Stockwerke angezeigt werden.

Nun erscheint eine Zahl vor Ihrem geistigen Auge.

Sie drücken den entsprechenden Knopf, und die Tür schließt sich.

Wenn Sie in dem gewünschten Stockwerk angekommen sind, steigen Sie aus.

Schauen Sie sich um.

Befinden Sie sich in einem zukünftigen Leben?

Wie sieht die Umgebung aus?

Wer ist noch bei Ihnen?

Wie fühlen Sie sich?

Was geschieht?

Was haben Sie mit in dieses Heiligtum gebracht, damit Sie Klarheit darüber erlangen und es geheilt und geklärt wird?

Was müssen Sie tun?

Welche Worte oder Gefühle möchten Sie hierlassen?

Vor sich sehen Sie Ihre persönliche Chronik. Schreiben Sie die entsprechenden Worte auf eine leere Seite.

Welche wichtige Lektion müssen Sie lernen und mit in Ihr jetziges Leben bringen?

Atmen Sie weiter tief und entspannt und lächeln Sie Lichtenergie in Ihr Herz hinein.

Senden Sie dieser Aufgabe Liebe.

Lassen Sie sich dabei von Ihren höheren Geistführern helfen.

Wer sind Ihre neuen Lehrer?

Seien Sie still und hören Sie zu.

Wenn Sie fertig sind, sehen Sie wieder die Fahrstuhltür vor sich.

Gehen Sie durch die Tür.

Drücken Sie mit der rechten Hand auf den Knopf für das Erdgeschoss.

Sie sind nun wieder in Ihrem Gartenheiligtum.

Schauen Sie Ihren geistigen Führer und Torwächter an.

Lächeln Sie und ruhen Sie sich etwas aus.

Senden Sie dieser Geschichte Liebe.

Wenn Sie so weit sind, sehen Sie vor sich wieder eine Tür.

Gehen Sie hindurch und schließen Sie sie hinter sich.

Sie sind nun wieder in der Bibliothek.

Schließen Sie Ihre persönliche Akasha-Chronik.

Sehen Sie Ihre Führer an.

Wenn Sie bereit sind, kehren Sie mit einigen tiefen Atemzügen in die Gegenwart zurück.

Sehen Sie, wie das Licht oben und unten schwächer wird.

Spüren Sie dieses wunderbare Gefühl der Freude in Ihrem Herzen?

Erden Sie sich in dem Bewusstsein, dass Sie Klarheit gewonnen und Heilung erfahren haben.

Sollten Tränen in Ihnen aufsteigen, lassen Sie sie einfach fließen.

Entspannen Sie sich und bleiben Sie noch eine Weile in diesem heiligen Raum des Herzens.

Nehmen Sie sich nun einen Augenblick Zeit, um die wichtigsten Punkte des eben Erlebten aufzuschreiben:

- Was haben Sie gesehen?
- Wer war bei Ihnen?
- Was haben Sie gelernt und über sich selbst herausgefunden?
- In welchem Bereich haben Sie Klarheit erlangt?
- Was haben Sie über den göttlich bestimmten Sinn Ihres Lebens herausgefunden?
- Welche Absichten haben Sie in der Zukunft und in Ihrer persönlichen Akasha-Chronik hinterlassen?
- Welche Lektionen und Lehrer werden in der Zukunft auf Sie zukommen?

Weisheit der Alten, erhöre mein Gebet.

Ihr alten Meister, arbeitet mit mir.

Heilige Energie, durchströme mich.

Ich verstehe nun die lang vergessene Weisheit.

Ich strahle das göttliche Herz aus,

das einst verloren ging.

Ich strahle Gleichgewicht, Glückseligkeit

und Schönheit aus.

Ich wandle mit dem sanften Strömen des Nils.

Erschafft in meinem Leben Wunder –

hier und jetzt.

4

Eine Akasha-Reise nach Ägypten

Begeben Sie sich mit mir auf eine Akasha-Reise nach Ägypten

In der Großen Pyramide von Giseh liegen viele alte Geheimnisse und Mysterien verborgen. Interessanterweise können die meisten davon nur hellsichtig wahrgenommen werden. Im Lauf der Jahre haben viele Menschen dort Erstaunliches gesehen, wodurch die Annahme bestätigt wurde, dass wir Teil eines größeren Ganzen und nicht die einzige höher entwickelte Lebensform sind.

Die Große Pyramide wird häufig als Grabmal bezeichnet, und ich bin mir sicher, dass hier zu bestimmten Zeiten tatsächlich Menschen begraben wurden. Aber ich glaube auch, dass die Pyramide eine Sternenkammer ist, also ein Gebäude, von dem aus man in andere Dimensionen des Universums reisen kann. Bestimmte Öffnungen an der Spitze der Pyramide sind auf bestimmte Sternensysteme wie beispielsweise Sirius ausgerichtet. Ich bezeichne Sirius auch als einen kosmischen Knotenpunkt – ähnlich einem großen Flughafen.

Sehr viele Menschen, die die Akasha-Therapie gemacht haben, spüren eine starke Verbindung zu Sirius, obwohl sie nicht das Gefühl haben, dass ihre Energie dort beheimatet ist.

Ägypten war der Ursprungsort der ersten Mysterienschulen. Ich habe entdeckt, dass jeder der wichtigen Tempel entlang des Nils einem ganz bestimmten Zweck dient und für uns ein anderes Geschenk bereithält. Oft verbinde ich meine Gruppen auf energetischer Ebene mit dem alten Ägypten. Ich nehme sie mit auf eine Chakra-Meditation, um ihre Energiezentren mit denen entlang des Nils zu harmonisieren. Zielort ist immer die Königskammer in der Großen Pyramide bei Kairo.

Die beste Art, die Energie dieser Tempel zu spüren, besteht ganz klar darin, sie aufzusuchen und in ihren heiligen Räumen zu verweilen. Aber dies ist vielen Menschen nicht möglich. Durch die folgende Meditation helfe ich Ihnen daher, sich hier und jetzt mit der Weisheit des alten Ägyptens zu verbinden.

Wenn ich in Ägypten mit der Akasha-Chronik arbeite, meditiere ich mit einem alten Gott namens Thot. Thot wird meist stehend mit einem Schreibgriffel in der Hand dargestellt. Er ist unglaublich weise und ein großer Lehrer. Thot hat viele der alten Weisheitsschriften erschaffen, wie zum Beispiel die Smaragdtafeln.

Als ich einmal im Tempel von Luxor war, kam ich zu einer Statue von Ramses II., auf deren Rückseite Bilder von Thot und Seschat zu finden waren. Beide Gottheiten waren an die zwei Meter groß und sahen einander an. Beide hielten einen Schreibgriffel in der Hand. Ich setzte mich, meditierte und erkannte, dass diese beiden Energien einander unterstützen.

Seschat repräsentiert das göttlich Weibliche, und durch den Stern über ihrem Kopf empfängt sie Informationen aus der Akasha-Chronik. Thot repräsentiert das göttlich Männliche, übersetzt die Informationen und schreibt sie nieder. Wenn ich nach Ausgleich und Klarheit strebe, rufe ich seither beide an.

158

Viele Menschen sind mithilfe der Meditation des göttlichen Herzens in der Lage, die Tempel wieder aufzusuchen und sich das heilige Wissen und die Magie wieder anzueignen, die sie dort vor vielen Leben zurückgelassen haben.

Ägypten ist in energetischer Hinsicht der kraftvollste Ort, den ich auf Erden kenne.

Es wäre mir eine große Ehre, wenn Sie mich nun auf eine magische Reise in dieses mystische Land begleiten würden.

Eine Akasha-Meditation durch das magische Ägypten

Bereiten Sie Ihren heiligen Raum vor. Sorgen Sie dafür, dass Sie etwas Wasser in einer Schale bereitstehen und einen Stift und Papier bereitliegen haben. Lassen Sie sanfte Meditationsmusik erklingen und entspannen Sie sich.

Machen Sie sich keine Sorgen, wenn Sie nicht alles, was Sie auf dieser Reise erleben werden, aufschreiben können. Visualisieren Sie einfach die Farben und Worte. Diese Meditation ist eine Einweihung und eine Einführung in die Energie Ägyptens. Bestimmte Namen und Orte werden Sie mehr ansprechen als andere. Sie können die Erfahrung noch vertiefen, indem Sie die anderen in diesem Buch enthaltenen Meditationen anwenden und in Ihrem eigenen Tempo vorgehen.

Sorgen Sie dafür, dass Sie von einer heiligen Energie umgeben sind, in der Sie sich wohlfühlen und die Ihnen Klarheit verschafft.

Atmen Sie ein paar Mal tief durch, entspannen Sie sich und beginnen Sie mit der Meditation.

Nun werden wir die Akasha-Chronik öffnen und nach Ägypten reisen.

Entspannen Sie sich und richten Sie Ihre Aufmerksamkeit auf Ihr Herz.

Verbinden Sie Ihr Licht mit der Mitte der Erde und Ihr Kronen-Chakra mit den Sternen am Himmel.

Hüllen Sie sich in eine Blase aus Licht.

Bitten Sie die weisen Alten, Sie auf Ihrem Weg zu unterstützen und Ihnen die Tore der Erkenntnis zu öffnen.

Betreten Sie die heilige Bibliothek und sehen Sie Ihre persönliche Akasha-Chronik vor sich.

Sehen Sie, wie sich das Buch öffnet und eine leere Seite zum Vorschein kommt.

Darauf erscheint nun das Wort Ägypten.

Vor sich sehen Sie nun eine Tür und daneben einen geistigen Führer, der Sie erwartet.

Gehen Sie zu der Tür.

Dort angekommen, bleiben Sie stehen und schauen auf den Türgriff.

Nehmen Sie ihn mit der linken Hand und öffnen Sie die Tür.

Gehen Sie hindurch. Vor sich sehen Sie nun goldenen Wüstensand.

Fühlen und sehen Sie die Farbe Rot überall um sich herum.

Sehen Sie sich vor dem majestätischen Tempel von Abu Simbel stehen.

Thot und Seschat erwarten Sie und überreichen Ihnen Geschenke.

Alles ist harmonisch um Sie herum und, wohin das Auge schaut, herrscht Überfluss.

Spüren Sie, wie in Ihrem Basis-Chakra die Energie aufsteigt.

Wie geht es Ihnen?

Was geschieht mit Ihnen?

*Was haben Sie auf diese Akasha-Reise mitgebracht, um
Klarheit darüber zu erlangen, damit es geheilt und geklärt wird?*

Was müssen Sie tun?

*Atmen Sie weiter tief und entspannt und lächeln Sie
Lichtenergie in Ihr Herz hinein.*

Senden Sie dieser Erfahrung Liebe.

Fühlen und sehen Sie die Farbe Orange überall um sich herum.

*Sehen Sie, wie Sie vor dem wunderschönen Tempel von Philae
stehen.*

Dies ist der wahre Tempel der Isis und des göttlich Weiblichen.

*Von allen Seiten sind Sie von bewusster Liebe und Licht
umgeben, die Sie in Ihre Beziehungen einfließen lassen können.*

Spüren Sie, wie in Ihrem Sakral-Chakra Energie aufsteigt.

Wie geht es Ihnen?

Was geschieht mit Ihnen?

*Was haben Sie auf diese Akasha-Reise mitgebracht, um
Klarheit darüber zu erlangen, damit es geheilt und geklärt wird?*

Was müssen Sie tun?

*Atmen Sie weiter tief und entspannt und lächeln Sie
Lichtenergie in Ihr Herz hinein.*

Senden Sie dieser Erfahrung Liebe.

Fühlen und sehen Sie die Farbe Gelb überall um sich herum.

Sehen Sie, wie Sie vor dem machtvollen Tempel von Edfu stehen.

Dies ist der Tempel des Horus und des göttlich Männlichen.

*Erlauben Sie Ihrem wahren Selbst und Ihrer wahren
Bestimmung zu erstrahlen.*

*Spüren Sie, wie in Ihrem Solarplexus-Chakra die Energie
aufsteigt.*

Wie geht es Ihnen?

Was geschieht mit Ihnen?

Was haben Sie auf diese Akasha-Reise mitgebracht, um Klarheit darüber zu erlangen, damit es geheilt und geklärt wird?

Was müssen Sie tun?

Atmen Sie weiter tief und entspannt und lächeln Sie Lichtenergie in Ihr Herz hinein.

Senden Sie dieser Erfahrung Liebe.

Fühlen und sehen Sie die Farbe Grün überall um sich herum.

Sehen Sie, wie Sie mit Osiris vor dem göttlichen Tempel von Abydos stehen und mit Hathor vor dem Tempel in Dendara.

Dies sind Tempel der heiligen Vereinigung und des heiligen Wissens.

Lassen Sie Ihr göttliches Herz in Schönheit, Glückseligkeit und Ausgewogenheit wachsen.

Spüren Sie, wie in Ihrem Herz-Chakra Energie aufsteigt.

Wie geht es Ihnen?

Was geschieht mit Ihnen?

Was haben Sie auf diese Akasha-Reise mitgebracht, um Klarheit darüber zu erlangen, damit es geheilt und geklärt wird?

Was müssen Sie tun?

Atmen Sie weiter tief und entspannt und lächeln Sie Lichtenergie in Ihr Herz hinein.

Senden Sie dieser Erfahrung Liebe.

Fühlen und sehen Sie die Farbe Blau überall um sich herum.

Sehen Sie, wie Sie vor dem Tempel von Luxor stehen.

Dieser Tempel wurde zu Ehren der einen wahren Quelle der Energie, des Lichts und der Wahrheit errichtet.

Hören Sie, wie Sachmet, die Löwenkönigin, brüllt.

Lassen Sie zu, dass Ihre Stimme von Mitgefühl und Weisheit erfüllt wird
Spüren Sie, wie in Ihrem Hals-Chakra Energie aufsteigt.
Wie geht es Ihnen?
Was geschieht mit Ihnen?
Was haben Sie auf diese Akasha-Reise mitgebracht, um Klarheit darüber zu erlangen, damit es geheilt und geklärt wird?
Was müssen Sie tun?
Atmen Sie ganz entspannt und lächeln Sie Lichtenergie in Ihr Herz hinein.
Senden Sie dieser Erfahrung Liebe.

Fühlen und sehen Sie die Farbe Indigoblau überall um sich herum.
Sehen Sie, wie Sie vor dem Tempel der Sphinx in Giseh stehen.
Lassen Sie Weisheit und Hellsichtigkeit in Ihrem Dritten Auge zunehmen und sehen Sie, wie die Aufzeichnungen auftauchen, nach denen Sie suchen.
Spüren Sie, wie in Ihrem Dritten Auge Energie aufsteigt.
Wie geht es Ihnen?
Was geschieht mit Ihnen?
Was haben Sie auf diese Akasha-Reise mitgebracht, um Klarheit darüber zu erlangen, damit es geheilt und geklärt wird?
Was müssen Sie tun?
Atmen Sie weiter entspannt und lächeln Sie Lichtenergie in Ihr Herz hinein.
Senden Sie dieser Erfahrung Liebe.

Fühlen und sehen Sie die Farbe Violett überall um sich herum.
Sehen Sie, wie Sie vor der Großen Pyramide von Giseh stehen.
Lassen Sie Ihre Energie in vollkommener Dankbarkeit zu den Sternen des Universums aufsteigen.

Sehen Sie, wie heilige Symbole auftauchen.

Sehen Sie, wie das Unsichtbare wieder sichtbar wird.

Spüren Sie, wie in Ihrem Kronen-Chakra Energie aufsteigt.

Wie geht es Ihnen?

Was geschieht mit Ihnen?

Was haben Sie auf diese Akasha-Reise mitgebracht, um Klarheit darüber zu erlangen, damit es geheilt und geklärt wird?

Was müssen Sie tun?

Atmen Sie weiter tief und entspannt und lächeln Sie Lichtenergie in Ihr Herz hinein.

Senden Sie dieser Erfahrung Liebe.

Atmen Sie diese Energie in Ihr ganzes Wesen hinein.

Entspannen Sie sich in dieser wunderbaren Atmosphäre der Dankbarkeit und des Lichts.

Für heute endet Ihre Reise hier.

Sehen Sie Ihren geistigen Führer und Torwächter vor sich.

Lächeln Sie ihm zu und, wenn nötig, ruhen Sie sich etwas aus.

Wenn Sie bereit sind, kehren Sie mit einigen tiefen Atemzügen in die Gegenwart zurück.

Sehen Sie, wie das Licht oben und unten schwächer wird.

Spüren Sie dieses wunderbare Gefühl der Freude in Ihrem Herzen.

Erden Sie sich in dem Bewusstsein, dass Sie Klarheit gewonnen und Heilung erfahren haben.

Sollten Tränen in Ihnen aufsteigen, lassen Sie sie einfach fließen.

Entspannen Sie sich und bleiben Sie noch eine Weile in diesem heiligen Raum des Herzens.

Nehmen Sie sich einen Augenblick Zeit, um sich zu entspannen, damit die Energie in Ihrem Körper zur Ruhe kommen kann.

Schreiben Sie dann das Erlebte auf:
• Was haben Sie gefühlt?
• Was haben Sie erlebt?
• Was haben Sie gesehen?
• Was haben Sie gelernt?
• Welches war das stärkste Gefühl?
• Haben Sie Symbole gesehen oder Botschaften erhalten?
• Welche Farbe hat in Ihnen etwas ausgelöst?

Diese Meditation kann so oft wie möglich ausgeführt werden. Seien Sie lieb zu sich selbst und bleiben Sie immer im Herzen verankert.

Ich bin Liebe.

Ich bin Freude.

Ich bin Leben.

Ich bin Schönheit.

Ich bin gut.

Ich bin wach.

Ich bin Herz.

Ich bin göttlich.

5

AUS DEM HERZEN HERAUS LEBEN

Bewusst leben

Bewusstheit als ständigen Geisteszustand aufrechtzuerhalten ist sehr schwierig, aber aus dem Herzen heraus zu leben ist sehr einfach.

In diesem Buch haben Sie die Meditation des göttlichen Herzens kennengelernt, um auf Ihrem Akasha-Weg voranzuschreiten. Aus diesem Herzensraum heraus und mit dieser neuen Wahrnehmung der Welt ist es relativ einfach zu erkennen, dass wir und das Universum nicht getrennt voneinander existieren.

Sie sind der ständige Schöpfer Ihrer eigenen Geschichte; Sie kultivieren Ihr Karma und Sie sind dafür verantwortlich, dass ihr Leben harmonisch verläuft.

Wenn Sie mit der Akasha-Chronik und den heiligen Botschaften arbeiten, verblassen die Illusionen des Lebens. Die Muster und Verträge fallen weg, die Sie von Ihrer Wahrheit fernhalten. Dies ist natürlich eine lebenslange Aufgabe, bei der Sie einige Achterbahnfahrten erleben werden, wenn Sie nicht achtsam sind. Zuerst werden Sie möglicherweise keine Erlebnisse sehen und keine Botschaften empfangen. Aber stellen Sie bitte nicht in Zweifel, dass die Einweihungen dieses Buches nun fest in Ihrem Energiefeld verankert sind.

Ihre geistigen Führer gehen stumm neben Ihnen her, und zwar so lange, bis *Sie* ihnen eine Stimme geben.

Die Bindungen, die Ihnen nicht länger dienen, sind bereits dabei, sich aufzulösen. Glückseligkeit, Schönheit und Harmonie warten in Ihrer Zukunft bereits auf Sie. Alles ist in göttlich bestimmter Ordnung.

Sie haben nun den ersten Schritt getan, um mit Ihrem Unterbewusstsein und der Akasha-Chronik zu kommunizieren. Es ist vermutlich viele Leben her, seit Sie zum letzten Mal wirklich Kontakt mit dieser Sphäre hatten. Senden Sie diesen wunderbaren Aspekten Ihres Selbst jeden Tag Liebe und Licht. Dann werden Sie sehen, wie die Magie sich entfaltet und zu wirken beginnt.

Die höhere Bestimmung annehmen

Wir alle sind wichtig und haben eine unverwechselbare Aufgabe auf diesem Planeten. Vergleichen Sie sich nicht mit denen, die mehr oder weniger Glück haben als Sie. Wir alle haben eine Rolle in diesem irdischen Schauspiel zu spielen. Manche Seelen beschließen, Trauer zu zeigen, um andere Seelen Mitgefühl zu lehren. Manche Seelen entscheiden sich für den Weg des bewussten Lebens, um andere zu erleuchten. Ich habe die Vermutung, dass viele der heutigen spirituellen Mentoren und Lehrer in früheren Leben Schüler waren, die den Einweihungspfad des Lebens nie zu Ende gegangen sind.

Wenn wir die Arbeit mit der Welt von Akasha wirklich verstehen, erkennen wir, dass alle gleich sind und dass alle sowohl bereits Leben in Reichtum als auch Leben in Armut geführt haben, dass sie also mal Prinzen und mal Bettelknaben gewesen sind. Wir gehen einfach durch verschiedene Phasen und Muster.

Die Akasha-Therapie ermöglicht es Ihnen gewissermaßen, Ihr Leben aus der Vogelperspektive zu betrachten, sodass Sie alle Aspekte Ihrer Fähigkeiten sehen können. Die Therapie wird Sie befreien, sodass Sie die Entscheidungen treffen können, die Ihrem Wachstum dienen und zu innerem Frieden führen. Ihre Intuition und Ihr Herz werden Sie auf den Weg führen, auf dem Sie genau jene Lektionen lernen können, derentwegen Sie auf die Erde gekommen sind.

Finden Sie zu Ihrem Herzen, finden Sie zu Ihrer Wahrheit. Nehmen Sie Ihre Lektionen an und lernen Sie voller Begeisterung für das Leben. Die Akasha-Chronik speichert wie die Festplatte eines Computers lediglich die physischen und mentalen Zeitlinien. Sie aber besitzen den Schlüssel zu Ihrer Bestimmung; Sie besitzen die emotionalen und spirituellen Programme, dank derer der Computer überhaupt funktioniert.

Lassen Sie die Programme laufen, die Sie Ihrer höchsten Bestimmung näherbringen, und erheben Sie sich weit hinauf, in die Lüfte des universellen Lebens.

Danksagung

Viele Leben lang habe ich darauf gewartet, diese Lehre zu veröffentlichen. In bin jenen auf der irdischen Ebene und in anderen Dimensionen zutiefst dankbar dafür, dass sie ihr Licht auf mich haben scheinen lassen und mich auf meiner Reise hin zu mehr Bewusstheit unterstützt haben.

Ich bin jenen besonders dankbar, die mit mir nach Ägypten gereist sind und mich an die Bestimmung meiner Seele und an mein großes Wissen um die alten Lehren erinnert haben. Danke, lieber Hakim Awyan, und danke, liebe Christine Barraclough. Für alle Zeiten bin ich Isis dankbar.

Ich danke Ryan und Jordan Romania, die ihren Vater und mich dabei unterstützt haben, unsere Träume zu verwirklichen. Wir lieben und schätzen euch beide sehr.

Ich danke meinen Eltern Robert und Rita Errington, die in Nummer 33 ein sicheres Heim erschaffen haben, das mir immer die nötige Bodenhaftung verschafft hat, damit ich höher hinaufliegen konnte, als ich es mir je hätte träumen lassen.

Ich danke Rhonda Fleming, die mir half, mein heiliges Herz zu öffnen, und Kate Spencer, die mich auch weiterhin darin unterweist, in ferne Dimensionen vorzustoßen und dabei mein Herz offen zu halten.

Ich danke Shannon King Buset dafür, dass Sie mein Schreiben inspiriert hat und mir eine wahre Seelenschwester ist.

Ich danke Steve Romania, meinem geliebten Mann, für seine Geduld und das Korrekturlesen.

Ich danke Helena Jevons dafür, dass sie mir immer geholfen hat, meiner Wahrheit treu zu bleiben und die Realität des Akasha-Arztes zu erschaffen.

Ich danke Debbie Dixon und David Harper dafür, dass sie daran geglaubt haben, dass ich eine spirituelle Botschaft habe, und dem Verlag Hay House dafür, dass er mir Türen geöffnet hat, sodass ich meine Arbeit vorstellen konnte.

Und schließlich danke ich Kate Mackinnon und Wayne Dyer dafür, dass sie es möglich gemacht haben, dass meine Arbeit während der heiligen Reise nach Assisi, Lourdes und Medjugorje getestet werden konnte. Das war wirklich ein ganz wunderbares Geschenk.

Über die Autorin

Amanda Romania ist eine international tätige Heilerin, Intuitionslehrerin und Deuterin der Akasha-Chronik. Während des letzten Jahrzehnts hat sie mit indigenen Ältesten und Schamanen im Bereich der Energie heiliger Stätten und des Rituals gearbeitet. Die Autorin hat einen Magistergrad in Wirtschaft von der Universität Durham und einen Doktortitel in Metaphysik.

Amandas Leidenschaft und Berufung bestehen darin, andere auf ihrem spirituellen Weg zu unterstützen. Sie setzt ihre Gaben ein, um Einzelpersonen und Gruppen in Kontakt mit ihrem Herzen und ihrer Essenz zu bringen, und lehrt, wie man die universelle Energie verstehen und dieses Verständnis im täglichen Leben anwenden kann.

Amanda Romania verfügt über große Erfahrung in der Arbeit mit der Akasha-Chronik. Sie hat überall auf der Welt Sitzungen abgehalten und lehrt eine einfache Methode, um selbst damit Erfahrungen zu sammeln, sich auf seine wahren Fähigkeiten und Potenziale zu besinnen und allen Aspekten der Seelenreise Heilung und Klarheit zu bringen.

Die Autorin lebt mit ihrem Ehemann und ihren Kindern in England und in den Vereinigten Staaten.

Weitere Informationen unter www.amandaromania.com